伝わる人は「1行」でツカむ

川上徹也

PHP文庫

伝わる人は「1行」でツカむ

川上徹也

PHP文庫

○本表紙図柄＝ロゼッタ・ストーン（大英博物館蔵）
○本表紙デザイン＋紋章＝上田晃郷

はじめに――「伝えた」だけで満足してませんか？

あなたが「書く言葉」は、きちんと相手の気持ちをツカんでますか？
きちんと相手を行動に駆り立てていますか？
ひょっとして次のような経験はありませんか？

「徹夜して書いた企画書なのに中身を読んでもらえなかった」
「いい商品なのになぜか売れない」
「チラシ・DM・POPの反応が悪い」
「プレゼン中に相手が退屈しているのがわかる」
「営業資料をきちんと読んでもらえない」
「上司への提案がいつも却下される」

「部下が指示どおり動いてくれない」

「一生懸命書いたプレスリリースに何の反応もない」

「メールで依頼した重要な案件を断られた」

「SNSの投稿にいいね！がつかない」

「伝えたはずなのに『そんなの聞いてない』とよく言われる」


もし、ひとつでも心当たりがあれば、残念です。

あなたは、相手に「伝える」だけで満足してしまっている可能性が高いからです。


「伝える」と「伝わる」はまったく違います。


「伝える」が一方通行なのに対して、「伝わる」は相手と心が通じあっています。

相手がその内容を〝自分に関係ある事〟として認識しているからです。

だからこそ、相手はその通り行動しようと考えてくれます。

その結果、成果に結びつくのです。

「伝わる文章を書ける人（＝伝わる人）」には、共通点があります。

タイトル、見出し、キャッチコピーなど、最初の1行で相手の心をグッとツカむのがうまいということです。

逆に「伝わらない人」は、「1行でツカむ力＝キャッチコピー力」が足りない人だと言えるでしょう。

出張先でも「伝わる人」に

2010年、『キャッチコピー力の基本』（日本実業出版社）という本を出版しました。

コピーライターや販促担当者のような専門職向けのキャッチコピーの本ではなく、一般のビジネスパーソン向けに「人の心をツカむ1行をどう書けばいいか」を解説した本です。

現時点で言い換えると「伝わる人」になるための入門書でした。

ネット社会になり普通のビジネスパーソンにこそ「キャッチコピー力」が必要になってきた、という背景から企画しました。

専門職向けの入門書ではなく、一般のビジネスパーソン向けの「キャッチコピー力の教科書」というありそうでなかった内容の本ということで、多くの方から支持をいただきました。

おかげさまで7年以上ずっと版を重ねてロングセラーになっています。

台湾、韓国、中国でも翻訳されています。

以下のような感想をいただくことが多いです。

「才能いらずの法則本をつくってくれて感謝です」

「キャッチコピーの法則が整理されていて読みやすい」

「大企業からPTAや学校の文化祭のポスターまで使えそう」

「デスクの上に置いていつも辞書代わりに使っています」

本当にありがたいことです。

そして以下のような要望もよくいただきます。

「外出先や出張先でも手元に置きたいので、同じような内容でよりコンパクトにして持ち運びできるような本をつくってほしい」

なるほど。

確かにそんな本があれば便利です。

そこで、前著のコンセプトは継承しつつ、項目を半分程度に絞りコンパクトな文庫サイズの本を出すことにしました。

同時に構成や表現を一新し、事例もできるだけ新しいものを取り入れることにしたので、まったく別の本として出版されることになりました。

それが本書『伝わる人は「1行」でツカむ』です。

「1行」の力がビジネスを決める

ネット社会になり、言葉を使って文章を書く機会が圧倒的に増えています。ウェブサイト、メール、ブログ、SNS、LINE、すべて言葉が基本です。裏を返せば、人の書いた文章を読む機会も格段に増えているわけです。

そんな状況下では、タイトル、見出し、キャッチコピーなど最初の1行で心をキャッチしないと、肝心の中身を読んでもらえません。

当然、それでは相手を行動に駆り立てることはできません。

「伝わる人」になるためには、まず「1行でツカむ」ことが重要なのです。

本書では、短く的確な言葉で人の気持ちを惹(ひ)きつける能力のことを「1行でツカむ」と表現することにしました。

本書は、そんな「1行でツカむ」ための基本ルールをわかりやすい事例とともにお伝えしていく本です。

基本ルールを知っていると、「1行でツカむ」能力は、格段に向上します。本書を読み終えたあなたは、きっと今まで悩んできたことが嘘のように、気の利いたタイトル、見出し、キャッチコピー、決め言葉などが書けるようになるでしょう。

自然と、「伝わる人」になれるのです。

お手本としてあげた例は、以下のようなものから引用させていただきました。
（可能な限り巻末に出典を書いていますが、一般的な言葉の組み合わせや、あまり特徴的なものでない場合は省略させていただきます）

・雑誌等の見出し・キャッチコピー
・テレビ・新聞・ポスター等、広告のキャッチコピー・ボディコピー
・書籍のタイトル、目次、帯のコピー
・テレビ番組のテロップ、番組表の紹介文、出演者の言葉
・ブログ、ウェブサイトなどのタイトルやキャッチコピー

・メルマガやセールスレターなどのタイトル
・各種ビジネス文章や案内状などのタイトル
・いわゆる名言として世に知られているもの
・街で見かけた印象深いフレーズや言葉

この本を常にカバンの中に入れて持ち歩いていただき、携帯の辞書代わりに使っていただければ、著者としてこれほどうれしいことはありません。

川上徹也

伝わる人は「1行」でツカむ

目次

第1章 「1行でツカむ」ための大前提

第2章 言い切る

第3章

問いかける

第4章

数字を使う

第5章

語呂をよくする

第6章

比喩や名言を使う

第7章

言葉の使い方を工夫する

第8章

造語

第9章

ストーリーを喚起させる

第1章

「1行でツカむ」ための大前提

第1章では、「1行でツカむ」ための大前提と、それを実現するための基本的な考え方についてお伝えします。

まず、最初に心に留めておいてほしいのは、「誰もあなたの文章を積極的に読みたいとは思っていない」というシンプルな事実です。

あなたが人の文章を読む立場になってみれば容易に想像できるでしょう。文章を読むのって、面倒だし、時間は取られるし、大げさに言うと「苦痛」です。人はよほど自分に興味があるもの以外は、他人が書いた文章を読みたくないものです。

だからこそ「何を伝えるか」を考え、「どのように伝えるか」を工夫する必要があります。そうしないと、あなたの文章は、本当の意味で読んでももらえないからです。

ましてや、内容通り本気で行動しようとは思ってもらえないでしょう。

Point

01 自分に関係があると思ってもらう

具体的なテクニックを語る前に、すべての基本になる大前提をお伝えします。それが読み手に「自分に関係があると思ってもらう」ということです。

「自分に関係がある」と思わなければ、人はその文章に関して興味を持ちません。当然、心も動きません。いかに受け手に〝自分に関係がある〟と思ってもらえるように書くかが一番大切です。

この傾向は、ネット社会になりSNSが発達した現在においてますます顕著になってきています。日々の情報量が膨大になっているネット社会では、自分に関係ないと思った情報は簡単にスルーされてしまうからです。

「自分に関係がある」と思ってもらうためには、大勢の人に向けて伝えようとするよりも、特定の誰か個人に向けて語りかける意識を常に持つ必要があります。

書店に行くと多くの本であふれています。特に実用書やビジネス書などの本のタイトルは、読者が「自分に関係がある」と思わないと手に取ってもらえません。次の例を見てください。

普通▼ 『意志力の本能』
↓
見本▼ 『スタンフォードの自分を変える教室』

『スタンフォードの自分を変える教室』は、ケリー・マクゴニガルの著書『The Willpower Instinct』の日本語翻訳本のタイトルです。直訳すれば『意志力の本能』といったところでしょうか。しかし、これでは何を言いたいかよくわかりません。

本の内容は主に「意志の力で悪い習慣を止める方法」について書かれたものです。内容的には目からうろこというほどのものではありません。当たり前のことをコツコツ地味にやっていくことの重要性を科学的根拠を元に説いています。

どんな日本語のタイトルにすると内容が一番伝わり自分に関係があると思ってもらえるか、編集者も翻訳者も悩んだことでしょう（想像です）。

「意志力」という言葉をスタートに、いくつもの候補があったはずです。そして選ばれたのが、見本のタイトルです。

「自分を変えたい」と思っている人はたくさんいます。このタイトルを見た人は「あ、これは自分に関係がある情報」だと思います。この感覚こそがとても重要なのです。さらにスタンフォードという有名大学の先生が書いたものだというお墨付きですから、ただの精神論ではないはずという印象を与えることも大きかったでしょう。

『スタンフォードの自分を変える教室』は、タイトルだけでは具体的に何を教えてくれる本かはわかりません。それでも、「これは自分に関係がある本だ」と思った人々は、実際に書店で手に取って、レジに持って行くのです。

実際、この本は2013年のビジネス書で1位になるほどのベストセラーになりました。

今度は、書店で女性誌のコーナーを見てください。たくさんの雑誌があふれています。

1990年代頃までは、多くの女性は特定の雑誌を購読していたものです。しかし今はそんな女性の方は少ない。せいぜい、自分が興味がある特集記事があったら買うくらいの人が多そうです。それにもかかわらず、雑誌の数は増えています。ますます競争が激しくなっているのです。

なかなか雑誌を買ってくれない状況下で、各誌ともに表紙で「これはあなたに関係ある情報ですよ」と必死になって訴えかけているのです。

次の見本は、光文社発行の〝美しい40代〟向けの女性誌『美ST』の表紙に書かれてあったキャッチコピーです。

普通▼　シミの取り方

見本▼　私のこのシミ、取れますか？

いかがでしょう？　本当にシミを気にしている女性にとっては、「見本」のほうが自分に関係あると思うのではないでしょうか？

もうひとつ例をあげておきましょう。以下の見本は、朝日新聞出版発行の週刊誌『ＡＥＲＡ』の表紙にあったキャッチコピーです。

普通▼　もう一歩の英語

見本▼　あなたの英語はここが惜しい！

「普通」の例文のような書き方だと、他人事のようにしか感じられません。しかし、「見本」のようなコピーにすれば、「私の英語が惜しいのはどこだろう?」と自分ごとのように感じられて、記事の内容を読みたいと思うのです。

「自分に関係がある」と思ってもらうことは、ビジネス文章においてあらゆる場面で必要な大原則です。

例にあげたような本のタイトル、雑誌の見出しに限りません。ダイレクトメール、プレスリリース、一斉メールなど不特定多数に発信する時には特に重要になります。

一般的に、そのような発信は、受け手に「自分と関係ない」と思われスルーされてしまうことが多いからです。

それを避けるには、**個人に送る手紙のようにして、中身の文章も受け手一人一人に個別の文面にするのが一番効果的**です。「自分に関係がある」と思ってもらえる可能性が高まるからです。

しかし、全員に個別で対応することは物理的に不可能な場合が多いでしょう。だからこそ、本書でこの先取り上げるいろいろなヒントを利用して、「自分に関係がある」と思ってもらえるタイトル、キャッチコピー、見出しなどを考えていく必要があるのです。

Point

02 ターゲットを絞る

ここからは、「1行でツカむ」ための大前提である、受け手に「自分に関係がある」と思ってもらうためには、何をどのように語っていけばいいかについてお伝えします。

まずはターゲットを絞る（しぼ）という方法から紹介しましょう。

ターゲットとは本来「標的」という意味ですが、マーケティングなどで使う場合、企業などの発信側が狙う（ねら）「顧客層」のことを言います。

ターゲットを絞れば絞るほど「自分に関係がある」と思ってもらいやすくなります。

タイトルや見出しなどでは、できるだけ多くの人に呼びかけるような1行を書いてしまいがちです。しかし、それでは誰の心にも刺さらない1行になってしまいます。自分に関係があると思ってもらえないからです。

呼びかける対象を絞れば絞るほど、その条件に合う人間にとっては自分のことだと思われやすく、関心をよせてくれます。

ターゲットの絞り方で一番わかりやすいのは「性別」「年齢」「職業」「居住地」「所属先」「所有物」「身体的特徴」などのいわゆる属性と呼ばれるものです。

これらで絞っていくだけでも、受け手に自分に関係があると思ってもらいやすくなります。

次の見本は扶桑社発行の週刊誌『SPA!』の見出しです。年齢という属性でターゲットを絞ったものです。

普通▼ クビにしたい社員の共通点

見本▼ 2015年版【クビにしたい40代】の特徴

もし自分が40代の会社員だったらと仮定してみてください。どちらがドキッとする見出しでしょう？　もちろん後者ですよね。

『SPA!』の読者層はどんどん上がり40代がメインになってきているので、ターゲットを絞っているようで実は絞っていません。それでいて「自分のことかな？」と思わせるのに成功しています。また2015年版としていることで（『SPA!』ではこの特集を数年前からやっていました）、最新版ということでどんな新しい情報が載っているのだろうと思って興味をそそられます。

ターゲットを絞って呼びかけた上で、何かの行動を促したり、勧誘したりすると、「これは自分のことだ」と思った人はスムーズに行動に移ってくれやすくな

ります。

以下の見本のキャッチコピーは、カタログハウス発行の通販カタログ誌「通販生活」のサイトにあったものです。

普通▼

50代以上向けの薄色サングラス

見本▼

50代以上の皆さんへ――
今夏からサングラスは「薄色」の本品に変えてください。

要約すると「この商品（サングラス）を買え」というものなのですが、「50代以上の皆さんへ――」と限定して呼びかけた上で、「変えてください。」という行動を促すことで、そこまで押しつけられている感じはしません。またサイトには、「変える理由」が3つ書かれていて、自分に思い当たる部分があれば真剣に購入を考えるでしょう。

以下の見本は、東京の飯田橋駅の改札近くに貼られていたポスターのキャッチコピーです。

普通▼
大学生のみなさま！　口座開設はみずほ銀行へ

見本▼
法政大学のみなさま！　口座開設はみずほ銀行へ

「普通」のように大学生全体に呼びかけても、なかなか自分ごとだと感じてもらえません。しかし、もし自分が法政大学に通っていたとすれば、かなり気になるのではないでしょうか？　実際、飯田橋駅近くに法政大学のキャンパスがあるので、多くの法政大学生が通るのです。

おそらく、他の大学近くの駅でも、同じようにその大学名で呼びかけているのでしょう。当然、手間も印刷費もかかりますが、それだけの効果があると踏んでやっているのです。

属性以外のターゲットの絞り方としては、「悩み」「価値観」「願望」「思想」等の内面的な要素で絞るという手法があります。

たとえば、以下の見本は2016年に大ベストセラーになった本のタイトルです。

普通▼
『ベターッと開脚ができるようになるすごい方法』

見本▼
『どんなに体がかたい人でもベターッと開脚できるようになるすごい方法』

「どんなに体がかたい人でも」という悩みでターゲットを絞っています。こうやって絞ることで「ものすごいかたい人」はもちろん、「それほどかたくない人」

にも「自分に関係がある」と思ってもらいやすくなります（「どんなにかたい人でもできるのなら自分はもっとできるだろう」と）。

もしあなたが社内報の編集者で「相続」に関する記事を書き、タイトルをつけるとします。そんな時、以下のように「価値観」でターゲットを絞ると、より自分に関係があると思ってもらいやすくなります。

普通▼

『相続の準備は自分で』

見本▼

『子どもに迷惑かけたくなければ相続の準備は自分でしなさい』

「見本」は2013年に出版された本のタイトルです。

このような**「悩み」「価値観」「願望」「思想」等の要素でターゲットを絞る場合も、「呼びかけ＋行動の促進」というパターンは有効**です。ターゲットを絞って呼びかけると、後の行動の促進を抵抗なく受け入れやすくなるのです。

Point

03

気持ちを代弁する

想像してみてください。もし「自分が心の中で思っていること」が、雑誌や本のタイトルになっていたり、見出しに書かれていたら、あなたはどう思うでしょう?

おそらく、その記事に関心を抱き、読んでみたくなるはずです。

このように、「相手が心の中で思っている本音(インサイト)」に訴えることは、自分に関係があると思ってもらいやすくなる手法のひとつです。

雑誌の見出しで**「自分の心の中の叫び」が代弁されているのを見ると、自然と興味がわき、その記事を読んでみたくなるもの**です。

以下の記事はいずれも『ＡＥＲＡ』の中吊り広告に書かれてあった特集のキャッチコピーです。

見本▼ ― 夫よ！ 食器洗いぐらいでドヤ顔するな

見本▼ ― ひとり好きだけど子どもは欲しい

見本▼ ― お墓はもういらない

見本▼ ― 好きだけどできない

見本▼ ― 過労死寸前なのは私だ

それぞれ、読者が本音で思っていそうな「心の中の声」を言語化することで、

「自分に関係がある記事」であると思わせることに成功しています。そう思った人間は記事の中身を読みたくなるでしょう。

以下の見本は、女性ファッション誌（『STORY』、『VERY』、『Domani』、『CanCam』）の表紙に書かれていたキャッチコピーです。いずれも読者の「心の声」を言語化したものです。

見本▼
—「今日着る服がわからない！」魂の叫びに愛の回答

見本▼
—「どうしてもスキニーパンツがはけない！」対策委員会

見本▼
—35歳「おしゃれな体」と言われたい！

見本▼
—2014年、〝黒髪〟で生きていく？〝茶髪〟で生きていく？

このような、受け手の「心の声」「本音」のことを、広告業界ではインサイトと呼んでいます。

おそらくこれらの女性誌の編集部では、想定読者にアンケートなどを実施して「今日着る服がわからない！」「どうしてもスキニーパンツがはけない！」「おしゃれな体と言われたい」「黒髪にするか茶髪にするか悩んでいる」というインサイトを発見したのでしょう。それがなければ、なかなか出てこない見出しです。

このように読み手のインサイトに寄り添った1行は読む人の共感を呼びます。ビジネス文章でもこの手法を使うと「自分に関係がある」と思ってもらえる可能性が高まります。

そのためには、**文章を書く時、「これを読む人はどんな風に思っているだろう」というインサイトを常に考える習慣を身につけましょう。**

Point

04 ニュースを知らせる

人は「何か新しい情報＝ニュース」があれば、「自分に関係がある」と思いやすくなります。なぜなら人間には新しい情報を快楽だと受け取る性質があるからです（もちろん個人差はあります）。

あなたが何か発信する時に、受け手から「自分に関係がある」と思ってもらうためには、「これは新しいニュースですよ」ということを知らせる必要があります。

人はただ暮らしていくだけなら、特に新しい情報や商品がなくても十分にやっていけます。

にもかかわらず、テレビ・新聞・ネットなどのニュースに反応しますし、コンビニに新商品が置かれていると、ついつい手が伸びてしまいますし、新しいサービスはついつい試したくなります。

書店では「新刊」が一番目につく所に置かれています。本来であれば新刊よりも、長く読み続けられてきた古典やロングセラーのほうが読む価値がある可能性が高いはずですが、どうしても人間は新しい情報に価値を高く感じてしまうので、目につく場所に置かれ売られているのです。

このような人間の性質を利用して、**タイトルや見出しにニュース性の高いキャッチコピーを入れると効果があります**。

次の見本は、アップル社のCEOだった故スティーブ・ジョブズ氏が、iPodとiPhoneを発表した時のキャッチコピーです。

普通▼
1000曲入るポータブルプレイヤー
⬅
見本▼
ポケットに1000曲を

普通▼
ポータブルプレイヤーとインターネット機能がついた携帯電話
⬅
見本▼
アップルが電話を再発明する

いかがでしょう？　「見本」はそのままネットニュースや新聞の見出しになるような、ニュース性のあるキャッチコピーですね。このニュース性のある1行によって、多くの人はすぐに手に入れたいと思ったのです。

そうは言っても大きなニュースになるようなネタがない場合も多いでしょう。その場合、タイトル・見出し・キャッチコピーに以下のような言葉を入れると、受け手にニュース性があると感じてもらいやすくなります（※見本は実際に使われたキャッチコピーから引用させていただいていますが、企業名などは省略させていただいています)。

①「初」「新」を入れる。

「世界初」「日本初」「○○県初」「業界初」「新発見」など、ファーストワンはそれだけでニュースになりやすいです。

見本▼

▽世界初、ハイレゾ級骨伝導CLIP型イヤホン
▽プジョー、新型「5008」日本初公開
▽業界初の低脂肪グラノラを新発売
▽新発見 絶ッ景北海道

②「年月」「日時」「曜日」などを入れる。

具体的な「年月」「日時」「曜日」などの要素が入っていると、その情報はニュースになりやすくなります。

見本▼

▽4月21日　東武鉄道新型特急「リバティ」デビュー
▽楽天スーパーセールは3月9日まで
▽これで安心、花粉症対策2018
▽毎週金曜日「SUPER FRIDAY」を実施
▽本日20時より申し込み開始です

③「ついに」「とうとう」「いよいよ」「待ちに待った」などの言葉を入れる。

このような言葉が入ることで多くの人が待ち望んでいたイメージになるので、ニュース性を感じやすくなります。

見本▼

▽ついに発売！　任天堂Switch版「マリオカート」
▽とうとう発売！「君の名は。」Blu-ray

▽いよいよ解禁！　生シラス入荷
▽待ちに待ったハーゲンダッツ「華もち」再発売

④「あの」「話題」「注目」「期待の」「○○で紹介された」などの言葉を入れる。

このような言葉があると、多くの人が注目しているというイメージが生まれ、ニュース性を感じやすくなります。

見本▼

▽あの話題の傘あります
▽今注目を集めるコーヒー店が関西初進出
▽萌えYouTuberに期待の新星デビュー
▽まだ間に合う!!　アカデミー賞2017から話題作を一挙紹介!!
▽テレビで紹介された【法性寺ねぎ】&【カラフルにんじん】

販売中！

⑤「発表」「公開」「宣言」「告白」「速報」などの言葉を入れる。

このような言葉があると、何か新しいことが発表されるというイメージを与えるので、ニュース性を感じやすくなります。

見本▼

- ▽発表「この夏一番売れたアイスは何？」
- ▽公開「1行でツカむ40番目のマル秘テクニック」
- ▽宣言「当社は合成保存料を一切使いません」
- ▽告白「私がこのスーパードリンクを手放せない訳」
- ▽【速報】発売日決定！『君の名は。』の予約・最安値はこちらから！

⑥「限定」「○○限り」「特別に」「今なら」「これで最後」などの言葉を入れる。

このような言葉が入っていると、「今だけ」「ここだけ」というニュース性が高くなります。通販番組などではこの手法がよく使われます。

見本▼

▽限定300セットのみのご用意となります
▽初回にかぎり特別にもう1個をお付けします
▽通常2万3000円のところを、今なら1万9800円
▽季節限定 マンゴーフェア開催中
▽これで今年は最後の販売です

このようにタイトルや見出しにニュース性を取り入れると、普通の書き方よりも効果が高いのは事実です。

ただ、現状ではこのようなニュース性を取り入れたキャッチコピーは世の中に氾濫（はんらん）しているので、多くの人はやや不感症になっている傾向があります。

また、**あまりにも中身とかけはなれてニュース性を訴求するのは、消費者の信頼を失いかねませんので、長い目で考えると得策ではありません**。

Point

05

得することを入れる

人は「自分に得する情報」があれば、「自分に関係がある」と思いやすくなります。自分が受け手の立場になれば当然ですよね。書き手の立場からすると、読み手に「これはあなたに得する情報ですよ」ということをきっちり伝える必要があります。

ただし、発信する側に信頼性がない時に、あまり大きな効果をうたいすぎると逆効果になります。「あやしい」と思われるだけで反応がよくない場合が多くなるのです。また、商品のジャンルによっては、法律によりストレートに効果をうたえないものもあるので注意しましょう。

受け手にとって「得する情報」のことを、広告業界では「ベネフィット」と呼びます。「得」というと、金銭的なことばかり考えがちですが、必ずしもそれだけではありません。お金以外にも、いろいろなベネフィットがあります。

キャッチコピーにベネフィットを入れるという手法は、通販会社の商品紹介が参考になります。

普通▼
髪の根元から乾かすドライヤー

⬇

見本▼
ぺしゃんこ髪が簡単にふっくら髪に変わるドライヤー

普通▼
吸水力のよいバスマット

⬇

見本▼
家族が続けて使ってもサラサラなバスマット

「見本」はいずれも「通販生活」のサイトにあった商品説明をリライトしたものです。商品自体の機能よりも、購入する側のベネフィットを強調していることがわかるでしょう。このように**具体的なベネフィットがあると、「これは自分に関係がある商品」だと思ってもらえる可能性が高まるのです。**

以下の見本は、アメリカの代表的なチョコレートであるM&M'S（エムアンドエムズ）が1954年に広告を出した時のキャッチコピーです。

普通▼
暑くても溶けないチョコ

見本▼
お口でとろけて、手にとけない

M&M'Sはカラフルな砂糖菓子でコーティングしたチョコレートです。

もともと創業者のフォレスト・マースが、内戦下のスペインで兵士がしっかり砂糖でコーティングされたチョコレートを食べているのを見て思いついたアイデアです。コーティングすることで、夏でもポケットでチョコレートが溶けるのを防いでいたのです。

そのベネフィットを的確な短いフレーズで表したのが、「見本」のキャッチコピーでした。この広告のおかげで、M＆M'Sは大ヒットし、アメリカの代表的なお菓子へと成長していったのです。

アメリカの広告会社ＢＢＤＯ社で伝説的なコピーライターと言われたジョン・ケープルズは著書『ザ・コピーライティング』（ダイヤモンド社）で、「売り上げを上げるために効果的な訴求ポイント」として以下のような要素をあげています。

●収入を増やす
●お金を節約する
●老後の安心

●もっと健康に
●仕事やビジネスで成功する
●名声
●脂肪を減らす
●家事をもっと楽に
●心配から解放される

あなたが商品を「売りたい」と思う時、前記のようなベネフィットを買い手に提供できないか考えてみましょう。それを買い手の立場から心が動きやすい言葉で、ストレートに訴求してみましょう。きっと今までのやり方とは効果が違ってくるはずです。

これは企画書のタイトルを考える時にも同じことが言えます。プレゼンされる立場になれば、「その企画を実施したらどんな得があるのか?」「どんな効果があるのか？」ということに一番興味を持っているはずです。そうだとしたら、そのメリットや効果が感じられるタイトルにしたほうが、興味を持ってもらいやすいのは明らかです。

あなたの仕事においても、相手の「得になること」を示すようにこころがけてみましょう。企画書や提案書などでは特に有効です。

以下の例は、ある会社に売り上げを増やす方法についてプレゼンする時の提案書のタイトルです。

普通▼ 販売促進のためのご提案

↓

見本▼ **御社の売り上げが1年後に15％増える画期的な方法とは？**

「見本」のようにすると、受け手側にとってベネフィットがより具体的に感じられるので、より本気になって耳を傾けようとしてくれます（もちろん、タイトルに負けない中身がちゃんとないと、採用されないばかりか信用も失うことになりますが）。

社内で何か企画を通そうとする時にも同様です。**企画が実現した時、会社や上司にどれだけのベネフィットがあるかをわかりやすく訴えるタイトルや見出しがあれば、より真剣に検討してもらえる可能性が高まります。**

Point

06

損する（嫌われる）ことを知らせる

人は「自分に得する情報」にも敏感ですが、それ以上に「自分が損する情報」にも敏感です。

人間には「損失回避」「損失嫌悪」という性質があり、実は「得したい」「好かれたい」という欲求よりも、「損したくない」「嫌われたくない」という欲求のほうが強いのです。

そのような理由から「今のままでは損ですよ」「〇〇しないと嫌われてしまいますよ」ということを知らせると、「自分に関係がある」と思ってもらいやすくなるのです。

受け手にとって「得する情報」のことをベネフィットと呼ぶ、と前項で述べました。それに対して、この項目はいわば「負のベネフィット」とでもいうべきものです。

本来ベネフィットを得られるところを「〇〇しなければこんなに損しますよ」「〇〇しないと嫌われますよ」「〇〇しなければこんなよくないことが起きますよ」ということを伝えているのです。

以下の見本は、講談社の『週刊現代』の見出しです。

見本▼

70歳から損しないためにいま「やっておくこと」

まさに負のベネフィットをストレートに訴求したものになっていますね（Point2のターゲットを絞るというテクニックも使われています）。

テレビでよく流れている消臭剤のCMはまさに、この「負のベネフィット」を強く訴求しているものです（※以下のCM例は2016〜17年にオンエアされていたものです）。

たとえば花王のリセッシュのCMは、女優の大島優子さんが同じ会社の男の先輩とタクシーに一緒に乗っているという設定です。彼女が鼻をくんくんしながら「先輩タバコ吸いました？」「焼肉ランチお肉おかわりして100m汗だくでダッシュしてきました？」と矢継ぎ早に問いかけて、先輩に「臭い？」と言わせます。その後、商品紹介とともに以下のコピーが流れます。

見本▼ ―― 特許消臭技術　男のニオイ撃破

P&GのファブリーズのCMは、エレベーターにスーツ姿の若い男性が一人乗っているところに、大勢の女性が一気に乗り込んできて、その男性の臭いをかぐというもの。「汗くさ」「なんか酸っぱい」「ランチ焼肉食ったでしょう？」「その後タバコ吸ったなこれ」「これで得意先行くんですか?」と好き勝手言うと全員降りていき、一人残った女優の菜々緒さんがその男性に「これでファブりなさい」と商品を渡していくというもの。その後、商品紹介とともに以下のコピーが流れます。

見本▼ 男の5大臭をクリーニング級消臭

どちらも決して品がいいCMとは言えませんが、「もしかして自分も臭っているかも」と「負のベネフィット」を感じさせることに成功しています。

消臭剤に限らず、洗剤、石鹸(せっけん)、歯磨きなど家庭用品のCMの多くは、この「損することを知らせる」という手法が用いられています。それだけ効果が高いということでしょう。

Point

07 強い言葉を使う

言葉にも強い弱いがあります。強い言葉とは、「印象に残る」「心に刺さる」「行動したくなる」言葉のことです。逆に弱い言葉とは、「手垢のついた」「ありきたり」「心が動かない」言葉です。

読み手に「自分に関係がある」と思ってもらうためには、強い言葉を使う必要があります。弱い言葉では右から左にスルーされてしまうからです。

そのためには、まず具体的に書くことと、常套句(じょうとうく)をできるだけ使わないことから始めましょう。

強い言葉とはどんな言葉でしょうか？

たとえば、以下の見本は『AERA』の「東大特集」の号につけられたキャッチコピーです。

普通▼ **偏差値だけを基準にしてとりません**

見本▼ **「偏差値バカ」いらない**

「偏差値バカ」という言葉が強いですよね。これは言葉の組み合わせによる化学反応によっておきています（詳しくはPoint35でお伝えします）。

次の見本は、光文社発行の女性誌『STORY』の表紙に載っていたキャッチコピーです。

普通▼　いまこそ、クローゼットを整理しよう
↑
見本▼　いまこそ「断私離」！

こちらも「断私離」という言葉が強いですよね。これは、もともとあってブームになった「断捨離（だんしゃり）」という造語から造語をつくるというテクニックです（詳しくはPoint36でお伝えします）。

本書ではいろいろな項目を通じて「強い言葉」をつくるためのテクニックをお伝えしていきます。ただし、**言葉の強い弱いは、その言葉が使われる場面によっても大きく変化することも心に留めておいてください**。ある場面では強い言葉が、違う場面では弱い言葉になることも珍しくありません。

前記の例も、雑誌の見出しだから「強い言葉」になり得ましたが、状況によっては弱い言葉になる場合もあります。この単語を使えば必ず強いフレーズができ

る、という「魔法の言葉」は存在しないのです。

しかし最低限、以下の2つを頭の隅に置いて書けば、強い言葉になる可能性は高まります。

①ついつい書いてしまう常套句を避ける
②できるだけ具体的に書く
(①と②は共通する場合も多いです)


人間は意識している、していないにかかわらず、毎日膨大なフレーズに接しているので、知らず知らずに影響を受けています。何も考えずにキャッチコピーを書くと、ついついそれらしいフレーズを書いてしまいがちです。たとえば、私たちがよく利用する飲食店だと、「こだわりの」「厳選された」「独自の製法」「旬の」「くつろぎの空間」「隠れ家」といった言葉が常套句です。

十数年前までならともかく、残念ながら現在の日本では、このような言葉では読み手の心に何ひとつイメージを残すことができません。どこの店でも使っているような手垢のついた常套句だからです。

これでは何も言ってないのと同じ。存在に気づかれない空気のような存在「空気コピー」と言ってもいいでしょう。

ではどうすれば強い言葉になるでしょうか？

それはできるだけ具体的に書くことです。

以下は全国に店舗を展開しているステーキチェーンの店頭の看板に書かれているキャッチコピーです。

見本▼

炭焼きステーキは厚切りレアーで召しあがれ
いきなり！ステーキ

「厚切りレアー」と具体的に書かれているので強い言葉になっています。また

「いきなり！ステーキ」という店名も非常にシズル感があって強い名前ですね。

余談ですが、シズル（sizzle）とはステーキを焼く時のあのジュージューという音のことです。そこから派生して、生理的・感覚的に五感に訴えてくるものすべてをシズルと呼ぶようになりました。広告業界では「シズル感がある」という風にかなりの頻度で使われる用語です。

もともとは、アメリカの経営アドバイザーとして活躍したエルマー・ホイラーが、今から80年前に発売された本の中で使ったのがはじまりと言われています。彼はその著書の中で「ステーキを売るな、シズルを売れ」と語っています。

つまり**商品そのものを売るのではなく、受け手の感情を刺激するもので売りなさい、ということ**です。

いきなり！ステーキでは、ステーキを焼く時の音や匂いもさることながら、お客さんの目の前で肉をカットするというところが今までにないシズル感を生み出しています。

シズルは、ステーキのような飲食店だけに言えるものではありません。たとえば保険であれば「安心」、高級車であれば「ステータス」なども、シズルという言い方もできます。

話を戻しましょう。いきなり！ステーキのキャッチコピーが優れているのは「炭焼きステーキ」「厚切りレアー」と具体的に書かれているからです。

実際、店内のメニューの説明文にも「こだわり」「厳選」などといった抽象的なフレーズはほとんど使われていません。

以下は「いきなり！ステーキ」のメニューにあった商品説明文です。

▽「20日間熟成！　国産の美味しいステーキがこのお値段で！」

▽「脂身と赤身のバランスが程よいリブロース！
肉質はきめ細やかで柔らかく、大満足な1品です」

▽「米国ＣＡＢ協会認定、
やわらかくジューシーで適度な霜降りがあります」

とても具体的に書かれているのがわかるでしょう。
食品関係の説明を書く時には、これを見習いましょう。

あなたもきっと、仕事においていろいろな文章を書く機会があるでしょう。そんな時、**あなたの選ぶ言葉が「抽象的な言葉になっていないか」「それらしい常套句になっていないか」を、チェックする習慣をつけましょう**。もしそのような言葉が見つかったら、できるだけ具体的に書きかえてみましょう。たとえば、以下のように。

◇丁寧な↓すべての工程を手作業で仕上げた
◇迅速な↓2日以内に必ずお返事
◇豊富な↓39種類ものバリエーション
◇納得の↓一度使った人が必ずリピートする

◇おいしい→最後の一滴まで飲み干してしまうくらいの

◇安い→商品入れ替えにつき原価割れ処分.

このような習慣をつけていくだけでも、あなたの「キャッチコピー力＝1行でツカむ力」は格段に向上します。

自分で一度書いてみて、どこかで聞いたことのある言葉（特に形容詞）だな、と思ったら、それは弱い言葉です。より強い言葉はないか探してみましょう。

第2章

言い切る

第2章では、「言い切る」「断言する」方法を中心に解説します。受け手の心に刺さる言葉を考える時、「言い切り力をつける」ことはとても重要です。断言することで強いフレーズになるからです。

もちろん、言い切ることは発信側にとってはリスクがあります。そのリスクを負って投げる球だからこそ、受け手に伝わるスピードが上がるのです。

いろいろな言い切り方をマスターしましょう。

Point

08

短く言い切る

言いたい要素を凝縮して短く言い切る。それだけで、脳に届くスピードは格段に早くなります。その分、受け手に刺さる言葉になり、記憶にも残ります。いろいろと言いたい言葉をひとつにまとめて短くできないか、考えましょう。

以下の見本のキャッチコピーは、パーソナルトレーニングジムの「ライザップ」のＣＭで使われているものです。

見本▼

結果にコミットする

「コミット（commit）する」とは、ビジネスシーンで横文字が好きな人がよく使うフレーズで、「最大限実現するように努力する」「積極的に関わって達成するようにする」といったニュアンスで使われます（時には「約束」「義務」「責任」というニュアンスが強くなる場合もあります）。

このように人によって感じ方が違う曖昧（あいまい）なニュアンスの言葉ですが、「結果にコミットする」と短く言い切ることによって、「約束します」と言っているのと同様の力強さが出ます。

かと言って「約束します」とまでは言っていない訳で（CM考査上「約束します」とは言えません）、絶妙なポイントをついたキャッチコピーになっています。

以下の見本は求人情報誌「タウンワーク」のCMで使われているキャッチコピーです。ダウンタウンの松本人志さんがこのコピーをいろいろなシチュエーションで連呼するだけの単純なものですが、短く言い切っていることで耳に残る強さがあります。

見本▼ ― バイトするならタウンワーク

ドラマなどで印象に残るセリフの多くは、本来言いたいことを圧縮して短く言い切ったものです。以下、いくつかあげておきます。

▽「やられたらやり返す。倍返しだ」（半沢直樹）
▽「訴訟は勝つか負けるかのギャンブルだ」（リーガルハイ）
▽「魔法はない、だから考える」（重版出来！）
▽「それは好きの搾取です」（逃げるは恥だが役に立つ）
▽「愛しているけど好きじゃない」（カルテット）

いずれも言いたい要素を短く圧縮して言い切っているので、記憶に残るセリフになっているのです。

ここ数年ベストセラーになっているタイトルの中にも、この短く言い切ったものがいくつもあります。以下、いくつか例をあげておきます。

▽『統計学が最強の学問である』
▽『炭水化物が人類を滅ぼす』
▽『すべての疲労は脳が原因』
▽『語彙力こそが教養である』

以下の見本は光文社発行の40代向け女性誌『HERS』の表紙に書かれていたものです。

普通▼ ファッションはスタイルだけでなく顔による要素も大きい

見本▼ ファッションは顔だ！

言いにくいところを言い切ったことで力強いフレーズになっています。以下の見本は、小学館発行の働く女性のための雑誌『Ｏｇｇｉ』の表紙に書かれていたものです。

普通▼ 働く女性は、バッグと肌を一番見られています

見本▼ 「バッグ」と「肌」は女の名刺です！

「バッグ」と「肌」という組み合わせを「女の名刺です」と強引に言い切ったことで強いフレーズになっていて、響く人にはとても響きます。

以下の見本は、どちらも『AERA』の中吊り広告のキャッチコピーです。

普通▼ **結婚は努力したからといって成果につながらない**
⬅
見本▼ **結婚はコスパが悪い**

普通▼ **仕事で忙しいと不摂生な生活が続き太る**
⬅
見本▼ **働くほどデブになる**

どちらのフレーズも、**本当に正しいかどうかは別にして、短い言葉で言い切っているので、強く印象に残る言葉になっている**ことがわかるでしょう。

言いたい要素を凝縮して「短く言い切る」手法をもう一例見ておきましょう。

私自身が自著で使ったフレーズです。

普通▼
書店は古今東西のいろいろな知識が学べる学校のような存在である

←

見本▼
書店は世界最強の学校である

「普通」は、意味としては間違っていませんが、見出しとして用いるには冗長すぎます。「世界最強の学校である」と言い切ることによって、逆にその意味を際だたせることに成功しています。

会社の経営理念や企業理念などでも、短く言い切るほうが「理念」が浮かびあがります。しかし、実際には、長すぎて結局何が言いたいのかよくわからない経営理念や企業理念が多いです。

普通▼

我々の書店は、便利な施設を併設したり、本を通じたコミュニティ作りをすることで、店内が明るいだけでなく、店がある街も明るくできるように色々な施策に取り組みます。

見本▼

明屋（はるや）書店は「書店の力」で街を明るくします。

「見本」は、愛媛県松山市に本社がある「明屋書店」の企業理念です。このように短く言い切ったほうが、心に残り、言いたいことが浮かび上がってくるのがわかるでしょう。

このように「短く言い切る」と、その言葉は力強くなります。

これは書き言葉だけではありません。たとえば、会議などで発言する時もこの習慣をつけると、周囲から一目置かれる可能性が高まります。

Point

09 予言して言い切る

未来の出来事や様子を予言して言い切ると、「確かにそうかも」と素直に納得してくれることがあります。どんな人であろうと、確実な未来を予測できる人はいません。だからこそリスクを負って言い切ることで、人の心を刺す言葉が生み出せるのです。

好き嫌いや信じる信じないは別として、占い師や霊感師には、根強い人気があります。それは、不確かな未来を断言して予言してくれるからです。**人間には、他人に自信を持って断言されると、つい信じてしまうという習性があります。**

以下の見本は『SPA!』の表紙にあったキャッチコピーです。

普通▼
課長になれない会社員が増えていく

見本▼
会社員の9割は課長になれない！

きちんとした証拠（エビデンス）がある数字でなくても、このように断言されるとついつい「そうかも」と思ってしまいます。

以下は同じく『SPA！』の表紙にあったキャッチコピーです。

普通▼
スマホなしに生活できない人が増加中

見本▼
みんなバカになる！　スマホ中毒の悲劇

本当にスマホで「みんなバカになる」かどうかは別にして、夜の電車などで多くの会社員がスマホでゲームをしている姿を見ると、「本当にそうかも」と思ってしまう見出しです。

以下の見本は、『美ST』の表紙にあったキャッチコピーです。

普通▼	40代はお肌の曲がり角
見本▼	40代、お肌の曲がり角は3度来る！

こちらも3度の曲がり角に根拠はないかもしれませんが、「3度来る！」と言い切ることにより、何となくそうかもと思わせてしまう力があります（ちなみに3度の曲がり角はそれぞれ「40歳の坂」「45歳の壁」「49歳の崖」らしいです）。

健康食品などの場合、薬事法の関係で直接的な効果を標榜することが禁止されています。それゆえ、その健康食品を食べたり飲んだりすることにより、「直接的に○○の効果がある」という表現はできません。それでも、予言して言い切ることで、効果がありそうな気持ちにさせることはできます。以下の見本はある健康食品のキャッチコピーです。

普通▼ **ポッコリお腹をへこませるには？**

⬅

見本▼ **夏までに、ポッコリお腹にさようなら！**

「見本」は、その健康食品の効能には触れていません。しかし夏までにという未来を予言することで、受け手側に「お腹が凹(へこ)んでいる自分」のイメージを刷り込むことに成功しています。

健康関連の書籍では、「○○をすると」という前提条件をつけた上で「予言して言い切る」という手法を使ったタイトルのものが数多く出ています。たとえば以下のように。

▽『体温を上げると健康になる』
▽『「おしり」を鍛えると一生歩ける！』
▽『親ゆびを刺激すると脳がたちまち若返りだす！』
▽『脳を最適化すれば能力は2倍になる』

齋藤真嗣（まさし）著『体温を上げると健康になる』（サンマーク出版）は2009年に発売され、70万部を超えるベストセラーとなった本のタイトルです。

未来を予言して言い切っているので、ストレートに心に突き刺さってくるタイトルになっています。しかも、やるべきことの前提は、「体温を上げる」という誰にでもできそうなことです。それで「健康」という誰でも一番興味がある未来を約束してくれるのですから、多くの人が興味を持ったのは当然かもしれません。他のタイトルも同様です。

以下の女性誌（『美ST』）は、同じテクニックを使って、かなり強烈なキャッチコピーにしています。

普通▼ **代謝をあげて生活の中でやせよう**

⬇

見本▼ **代謝を上げると「生きてるだけで、やせる！」**

「生きてるだけで、やせる！」はすごいコピーですね。

以下の子育て雑誌（『PHPのびのび子育て』）の見出しも、前提条件を示してから予言して言い切っています。

見本▼ **「聞き方」を変えれば、子どもはグンと伸びる**

見本▼ **「抱きしめる」ほど、頭のいい子に育つ**

このような「**やるべき前提を示してから予言する**」**というテクニックは、仕事全般で幅広く使えます**。

たとえば、得意先に「自社のシステムの導入」を勧める提案書のタイトルを考えてみましょう。

普通▼

新システム導入のご提案

⬅

見本▼

新システムを導入すると、御社の利益率が3％上がる

「見本」のように、「利益率が上がる」と予言されると、一応話を聞いてみようかと興味を持ちます。あとは、予言を裏付けるデータなどの根拠をどれだけ示せるかです。そう、予言する時には、その根拠やエビデンスが大切になってくるのです。

本項の冒頭に「占い師や霊感師に人気があるのは未来を予言してくれるからだ」と述べました。しかし、ただ未来を予言するだけではダメです。何も根拠がないと人は納得してくれません。

占いの場合は、その根拠は「手相」「カード」「星」「霊感」「オーラ」「前世」なんでもかまいません。要は受け手が納得できる根拠かどうかが重要です。

ビジネスでもそれは同じです。キャッチコピーやタイトル等で予言することで、受け手の気持ちを惹きつけることができます。**しかしそこからビジネスに繋(つな)げるには、どれだけ受け手を納得させる根拠を示せるかにかかってくる**のです。

Point 10

脅して言い切る

人間は脅されると、反発します。しかし一方でそれが気になることも事実です。そんな心理を利用して、「脅して言い切る」という手法があります。

健康、コンプレックス、お金、災害、老後、経済など、多くの人間が不安に思っている事柄であれば効果が高いでしょう。

ただし、いくら効果が高いと言っても、脅かすという手法は、あまり品のいい方法ではありません。必要がない時には、むやみにこの方法を使うのはやめましょう。

健康関連の書籍の見出しには、この〝脅して言い切る〟という手法が使われる場合が多いようです。たとえば、Point9で取り上げた『体温を上げると健康になる』という本の目次でも、脅して言い切る見出しがよく使われています。

▽**体温が1度下がると免疫力は30％低下する**
▽**体温が低いとガン細胞が元気になる**
▽**筋肉は使わないとどんどん減っていく**
▽**ストレスを受けると細胞もダメージを受ける**

いずれも、このように言い切られると、「自分のカラダは大丈夫かな？」と不安になり、中身を読んでみたくなります。

雑誌の見出しにも「脅す」手法はよく使われています。以下の特集の見出しはいずれも『SPA！』のものです。

見本▼

―「40代会社員の劣化メカニズム」を完全解明

見本▼ ― 孤立化し、転落する「下流中年」の危機

いずれも読者ターゲットに対して「このままだとヤバイよ」と脅すことで記事に興味を抱くように仕向けています。このように語尾は名詞で終わっていても〝言い切る〟のと同じ効果があります。

以下の見本は、プレジデント社発行の子育て雑誌『プレジデントFamily』に載っていた見出しです。

見本▼ ― 世界中の子供に広がる「ゲーマー親指」に要注意

子どもを持つ親にとっては、子どものことに関して脅かされるのは、一番の弱みです。「ゲーマー親指」という聞き慣れない言葉の効果もあり、「なんだろう」「うちの子は大丈夫か？」と気になる見出しになっています。

誰もが将来に対して漠然とした不安を持っている時代ですが、雑誌には読者の未来を脅すような見出しもよく見かけます。

見本▼ ― あなたを襲う認知症　経営が止まる　社会が揺れる

見本▼ ― 重大警告「過労老人」に転落する人

見本▼ ― 年金カット　医療&介護負担増　こんなに「老後破産」が急増

見本▼ ― マイホームが負動産になる　持ち家が危ない

右から順に『日経ビジネス』、『週刊朝日』、『サンデー毎日』、『週刊東洋経済』にあった見出しです。

このテクニックは、得意先への提案やプレゼンでも有効です。**得意先やその商**

品・サービスのウィークポイントを探し出し、「このままいくと、こんなに大変なことになりますよ」というニュアンスをタイトルで言い切るのです。

前項と同じく、得意先に「自社のシステムの導入」を勧める提案書のタイトルを考えてみましょう。

普通▼ **新システム導入のご提案**

見本▼ **今のシステムのままでは、御社の未来はない**

得意先はちょっと「ムッ」とするかもしれませんが、ちゃんと根拠があり自社のことを考えていることがわかってもらえれば、耳を傾けようとしてくれるはずです。

Point

11

命令して言い切る

命令をされると、人は反発を覚えるのが一般的です。一方で、命令されることに喜びを感じる心理もあります。競争が激しく広告がスルーされる確率が高い商品などの場合は、あえて命令形にして人の心を刺激するという方法もあります。

マス広告のキャッチフレーズでは、命令形のものは意外に少ないものです。なぜなら、受け手からの反発を恐れるからです。

以下はいずれも本のタイトルです。

▽『それでもなお、人を愛しなさい』
▽『お客様は「えこひいき」しなさい！』
▽『長く健康でいたければ「背伸び」をしなさい』
▽『小さいことにくよくよするな！』
▽『スタバではグランデを買え！』

「勝手に命令されると不愉快だから、命令形のタイトルの本は買わない」という方もいるでしょう。**しかし、そのようなマイナスの感情を持つということ自体、心を動かされている証拠**です。

書店に数多くの書籍が並ぶ現在の状況では、多少反感は持たれても無視されるよりはマシです。命令形に反発する人がいる一方で、命令に弱い人も確実にいます。特に語り手が権威ある人物である場合、命令形は相性がよく、効果があります。

その一例をあげましょう。次の見本は、2010年にベストセラーになった

『超訳　ニーチェの言葉』の帯のキャッチフレーズです。

普通▼　**人生を最高に旅しましょう**

見本▼　**人生を最高に旅せよ！**

このフレーズの語り手はニーチェなので、「普通」のように言うと言葉の深み、重みが出ません。命令形にしているからこそ、効果があるのです。

通常、ビジネスシーンで命令形を用いることはリスクが高いと思われています。しかし、普通に送ったら無視されてしまうようなダイレクトメールやセールスレターなどでは、あえて命令形を使ってみるのもひとつの手です。その場合、**「××しないでください」という否定の命令文を使うと効果があります**。

以下の見本は、１９７７年イタリアで制作されたホラー映画『サスペリア』の日本公開時のキャッチコピーです。

見本▼

決してひとりでは見ないでください

この否定の命令形を使ったフレーズは大流行し、映画もヒットしました。

この手法を使って再び、得意先に「自社のシステムの導入」を勧める提案書のタイトルを考えてみましょう。

普通▼	**新システム導入のご提案**
見本▼	**本気で会社を変える気がないなら、このシステムは導入しないでください**

「見本」は、良心的のような印象を与えながら、実際は命令形による感情の反発を呼び起こすやや高度なテクニックです。

Point

12 宣言して言い切る

たとえ他人の宣言であっても、人はなぜか気になります。そこにニュース性と力強さを感じるからです。

そのような人間の性質を利用して、宣言して言い切るという手法を使ってみましょう。注目を集める1行を書くことができます。

大阪にある書店、スタンダードブックストア心斎橋（しんさいばし）。2006年、この店が新規オープンした時、地下鉄心斎橋駅に掲出された広告ポスターのキャッチコピーは「宣言して言い切る」ことで注目を集めました。それが以下のものです。

普通▼　スタンダードブックストア、いよいよオープン

見本▼　本屋ですが、ベストセラーはおいてません。

書店は一般的に、できるだけベストセラーを置こうとするのが常識ですが、それとは逆のことを宣言して言い切ったことで力強いフレーズになったのです。

キャッチコピーは、2017年現在でも使われていて、スタンダードブックストアを紹介する時に必ず使われる言葉になっています。もっとも「ベストセラーはおいてません。」は、売れている本は絶対置かないという意味ではなく、ベストセラーという理由では置かないという意思表示です。

もしあなたが社内報の担当で、「残業を減らそう」という記事を書くとします。この記事の見出しを「宣言して言い切る」という手法で考えてみましょう。

普通▼ 無駄な残業はやめましょう

見本▼ 無駄な残業もうしません

読者にとっては、「見本」のほうが自分の心から出てきた言葉に感じられるのではないでしょうか？ その結果、記事を読んでみようと思ってもらえる確率が上がります。

同じく「プレゼンのスキルをあげよう」という記事を書くとして、この手法を使って見出しを考えてみましょう。

普通▼ 最高のプレゼンをしましょう

見本▼ 自分史上最高のプレゼンにする

こちらも「見本」のほうが自分の心から出てきた言葉に感じられるのではないでしょうか？

女性誌のキャッチコピーでもこの「宣言して言い切る」という手法はよく使われています。

見本▼
――私はメークで「オバさん」にならない！

見本▼
――「みんなとうまくいく服」で、春を迎える！

見本▼
――妻として、主婦として　第2のモテキ狙います！

見本▼
――この夏、「たった5枚」でかわいくなる

見本▼

「太って見える」服はもう着ません!!

それぞれ『美ST』『STORY』『VERY』『CanCam』『CLASSY.』で使われていたものです。

「宣言して言い切る」という手法は、企業が「理念」「哲学」「目標」などを世の中に発信する時に使うと有効です。

近畿大学はここ数年、毎年、挑戦的な広告を掲げることで注目を浴びています。以下の見本は2014年の新聞に出稿された広告のキャッチコピーです。

普通▼

徹底的な学内改革を実施します

見本▼

近大をぶっ壊す。

「普通」も宣言的な要素は入っていますが、やはり「見本」に比べると圧倒的に弱いです。そのフレーズに込められている「熱量」が違うからです。

このように「宣言して言い切る」という手法は、本気度が高く、熱量が多いほど、相手の心に刺さるのです。

第3章

問いかける

第3章では、「問いかける」「語りかける」方法を中心に解説します。
受け手の心をつかむ言葉を見つける時、「問いかけ力をつける」ことはとても重要です。

人は何かを問いかけられると、その答えを探す習性があるからです。
それだけ「自分に関係がある」と思ってもらえる可能性が高まります。
どうすれば受け手がより真剣に答えを探したくなるか？
そんな問いの立て方を考えていきましょう。

Point 13

本質的な問いかけをする

人間には、何かを問いかけられると、「自然と答えを探してしまう」という習性があります。

中でも、受け手に簡単に答えが見つけられなかったり、深く考えてしまうような本質的な問いかけをするのはとても有効です。

1970年代、本質的な問いかけをしたことで、大きな話題となった新聞広告のキャッチコピーの例をみてみましょう。

普通▼　年齢を聞く習慣はやめよう

⬅

見本▼　なぜ年齢をきくの

「見本」は1975年の伊勢丹の新聞広告で使われました。

ボディコピーは、以下のように続いていきます。

なにも女性だけではなく。

男だって、年齢をきかれるのは、

あまり気持のいいものじゃないんだ。

女の、そして男の、生きていく姿、

それを、すぐ年齢というハカリにのせて

見たがる習慣に、抗議したいと思う。

コピーライターは土屋耕一さん。当時、たいへん話題になったシリーズだったと言います。おそらく同じような趣旨のことは、いろいろな方がエッセイ等で語ることはあったかもしれません。しかし改めて「なぜ？」という問いかけを投げられると、「なぜだろう？」と考えてしまいます。ちょうど、女性の社会進出が話題になっていた頃なので、時代の空気にもぴたりとはまりました。

次は、同じく伊勢丹の１９８９年の広告に使われたものです。こちらのコピーも問いかけることで、話題になりました。

普通▼ **最近、恋してますか**

見本▼ **恋を何年、休んでますか。**

このコピーを見て、ドキッとする方も多いでしょう。「恋をする」「恋をしてない」という言い方はよくしますが、「恋を休む」という表現が新鮮だったのです。このフレーズは、のちに連続ドラマのタイトルとしても使われました。コピーライターは眞木準さんです。

次に雑誌から本質的な問いかけをする例を見てみましょう。

以下の2つの見本はどちらも『AERA』の中吊り広告に書かれていたキャッチコピーです。

普通▼ 将来が不安な理由

見本▼ なぜこんなに将来が不安なのだろう

普通▼ 学歴に投資することの是非

見本▼ まだ学歴に投資しますか？

このように**本質的なことを改めて語りかけられたり問いかけられると、すぐには答えられませんが、その答えを考えてしまいます**。するとその中身に対する興味を抱く可能性が高まります。

以下の見本は、中央公論新社発行の婦人誌『婦人公論』の表紙にあったキャッチコピーです。

普通▼　**夫のココが不満**

⬆

見本▼　**夫はなぜ、私をイラつかせるのか**

読者である妻側の女性はもちろん、夫側にとってもドキッとする本質的な問いかけをするフレーズですね。

問いかけるという手法は、キャッチコピーでは非常によく使われるテクニックです。それだけに平凡で一般的な問いかけでは、受け手にスルーされてしまう危険性も高いと言えます。

何か問いかけをするフレーズを書こうとした時、以下の問いかけを自分自身にしてみてください。

それは何か新しい発見がある問いかけか？
それはドキッとするような鋭い問いかけか？
それは何か行動に駆りたてるような問いかけか？

Point

14

親身に語りかける

思わず「はい」「そうそう」「確かに」「何でわかるの？」「ありがとう」などと肯定的な気持ちで答えてしまうような「親身な問いかけ」をされると、人はその問いかけをしてきた相手に心を許しやすくなります。

この「親身に語りかける」というテクニックは、セールスレター、店舗の看板、ネット通販のキャッチコピーなどを書く時に特に有効です。

見本▼

最近、お腹まわりの脂肪、気になっていませんか？

お腹まわりが気になっている人は、ついつい「ハイ！　気になっています！」と心の中で答えてしまうでしょう。だからこそ、その先の文章まで読んでしまう可能性が高くなります。

語りかけのフレーズは、受け手が気にしていることや悩んでいることと合えば合うほど、効果を発揮します。

たとえば、整骨院であれば、入り口の看板で次のように語りかけてみるのです。

> **見本▼　―　その腰痛、あきらめてませんか？**

美容院であれば、次のように語りかけてみては？

> **見本▼　―　今の髪形、本当に気に入ってますか？**

スーパーの食品売り場であれば以下のように。

見本▼ ― お母さん、毎日のお弁当のおかず、大変じゃないですか？

そうやって語りかけられると、お客さんは「そうそう、そうなんだよ！」と思って、以降の説明の文章も読んでくれる可能性が高まります。

以下の見本は『AERA』の表紙に書かれていたキャッチコピーです。

見本▼ ― やる気なし部下に困っていませんか？

上司の「そうなんだよ」という声が聞こえてきそうな問いかけですよね。同じく『AERA』の中吊り広告に書かれていたキャッチコピーです。

見本▼ ― 完璧すぎる親を目指していませんか？

「そう言われてみたらそうかも」と心の中でつぶやく子育て中のお母さんやお父さんの声が聞こえてきそうな問いかけです。

プレゼンなどの提案書でも、この語りかけるテクニックは有効です。たとえば、得意先に「売り上げアップ」のための提案をするとします。

普通▼ 今月の売り上げを10％上げる方法

⬅

見本▼ 今月の売り上げを10％上げたくありませんか？

「普通」のようなタイトルであれば、受け手は心の中でまず「本当かよ」って思うものです。しかし「見本」のように、親身に語りかけられると、心の中で「確かに上げたいよね」と答えてしまう可能性が高まります。

人間には相手に対して何度か「イエス」と答えると、次に「ノー」と答えにくくなる傾向があります。これは心理学用語で「イエスセット」と呼ばれ、セールストークなどでも使われるテクニックです。

タイトル・見出し・キャッチコピーなどでも、このようにまず思わず**「イエス」と答えてしまうような語りかけをすると、提案の内容に対しても「イエス」と答えてもらえる確率は高まるのです。**

Point

15 二者択一で問いかける

二者択一で問いかけられると、受け手はそのどちらかを選ばなければならないような気持ちになってしまいます。さらに受け手に選ばせたいほうの選択肢を魅力的に見せるようにすれば、自分が選んでほしいほうが選ばれる確率は上がります。

ただし、政治家などからこの二者択一を迫られた時には、他に選択肢がないのかを冷静に判断できるリテラシーを持つことも重要です。

以下の見本は、アップル社の創業者であるスティーブ・ジョブズが、1983年当時、ペプシコーラの事業担当社長をしていたジョン・スカリーを引き抜く時に使ったフレーズです。

普通▼　「ぜひうちの会社に入ってほしい」

⬅

見本▼　「このまま一生砂糖水を売り続けるつもりか？　俺と一緒に世界を変えてみないか？」

二者択一の典型的な手法です。

相手の選択肢を二つに絞り込み、ペプシコーラにとどまることを「砂糖水を売り続ける」という表現で低くおとしめ、アップルに移籍することを「世界を変える」という大きく魅力的なフレーズで表現しています。

あなたもここぞという時には、二者択一で問いかけてみてください。選んでほしくないほうを巧妙におとしめて、選んでほしいほうを魅力的に表現するというのがポイントです。

まずはジョブズのフレーズの骨格を拝借して、以下の構造をベースに考えてみてはどうでしょう。

見本▼

「このまま、○○のままでいいんですか？　それより（私と）××してみませんか？」

一方で、自分が問いかけられた時（特に国家権力等に）、「その二つしか本当に選択肢がないのか？」「別の選択肢があるのでは？」と冷静に判断できるようにしておく必要があります。

歴代のアメリカ大統領選では、この二者択一の手法でテレビＣＭを制作することが常套手段になっています。それだけ効果の高い手法なのです。

この二者択一は、小泉政権以降の日本の政治でもよく使われるようになっています。

小泉政権は「郵政民営化、賛成か反対か」と二者択一で国民に訴え、反対する政治家に抵抗勢力というレッテルを貼りました。

2016年7月の参議院選挙にむけた自民党のCMでは「前進か、後退か！」というコピーが使われていました。

前進か？　後退か？　と二者択一で問いかけられると、一般的には「後退」するより、「前進」のほうがいい気がします。しかし、別の選択肢もあるはずですし、前進が必ずしもいい方向に向かっているかどうかはわからないのです。

Point

16「そういやなぜ？」と思う問いかけをする

人間は、今まで深く考えていなかったけど「そういやなぜ？」という問いかけを投げかけられた時、「なぜだろう？」と興味を持ちます。

そして疑問を解決する答えを知りたいがために、続きや中身を読みたくなるという習性があるのです。

本のタイトル、雑誌記事の見出し、広告のキャッチフレーズなどで、これらの手法を取り入れているものは多数あります。

「そういやなぜ？」という疑問を投げかけて、「何で？」と思わせるタイトルの本には以下のようなものがあります。

▽『さおだけ屋はなぜ潰れないのか？』
▽『なぜ、あなたの仕事は終わらないのか』
▽『なぜ、この人と話をすると楽になるのか』
▽『なぜ、社長のベンツは４ドアなのか？』
▽『なぜグリーン車にはハゲが多いのか』
▽『なぜ八幡神社が日本でいちばん多いのか』

改めて指摘されてみれば、「どうしてだろう?」という疑問がわき、答えを知りたくなりますよね。

次に雑誌から、「そういやなぜ?」という問いかけをする例を見てみましょう。

普通▼　つまらないことばかり考えるワケ
見本▼　つまらないことばかり、なぜ考えるか？

普通▼　嫌われる人の理由
見本▼　嫌われる人はなぜ、嫌われるか？

両方とも雑誌『プレジデント』の表紙に書かれてあった特集のキャッチコピーです。

そう言われてみれば「なぜ？」という問いかけになっています。

この手法はビジネス文章にも使えます。

たとえば「お客様第一主義」を社是にこれまでやってきた会社に、新しい企業理念を提案しようという時の提案書のタイトルを考えてみましょう。
普通だと、以下のようなものになりがちです。

普通▼ ― 新しい企業理念についてのご提案

これでは、あまり続きを読みたいとは思いません。
たとえば、こんな風にしてみてはどうでしょう？

普通▼ 新しい企業理念についてのご提案

見本▼ 「お客様第一主義」が企業理念の会社は、なぜ「お客様第一」が実践できないのか？

「お客様第一主義」と標榜しているにもかかわらず、本当に「お客様第一」を実践できている会社は少ないものです。

改めてこのような疑問をつきつけられると、受け手はドキッとします。そして「どうしてだろう?」という疑問がわき、続きが読みたくなるでしょう。

Point

17

常識の逆を言う

人間は、自分が常識と思っていることと逆のことを言われると、何かを問いかけられた時と同じように、「何で？」という疑問がわきあがります。そして疑問を解決する答えを知りたいがために、続きや中身を読みたくなるという習性があるのです。

また似た方法で「逆説」を言うという手法もあります。逆説とは、〝一見、真理とは反対のことを言っているようにみえて、よく考えるとそこに真理が隠されている〟という表現です。

「常識の逆を言う」という手法も、書籍のタイトルに多く使われており、ベストセラーもよく出ています。

▽『医者に殺されない47の心得』
▽『決算書の9割は嘘である』
▽『食べ放題ダイエット』
▽『長生きしたけりゃデブがいい』
▽『歯はみがいてはいけない』
▽『コミュニケーションは、要らない』

どのタイトルも、一般的に言われている常識とは逆のことを主張しています。

すると、受け手に「何で?」という感情がわき起こります。

これらのタイトルを見たあなたは、もしまだ読んだことがなければ、「どんなことが書いてあるのか?」と興味を覚えたのではないでしょうか?

次の見本は1982年の日本経済新聞社の広告で使われたキャッチフレーズ

です。

普通▼ **学校を出ても勉強しよう。**

見本▼ **諸君。学校出たら、勉強しよう。**

学校は、本来勉強するところです。そこを出たら勉強しようという常識とは違う言い方が意表をついていました。当時、大学生の多くが勉強していなかったという事実も踏まえています。

以下は、『美ST』の表紙にあったコピーです。

見本▼ **40代、すっぴんくらい見せられなくて、どうする!**

「すっぴん」とは、女性がノーメークの状態をさします（本来の意味は「化粧をしなくても美人」で、違います)。普通であれば、40代になるともう「すっぴん」は見せられないという女性が多い中、あえて常識と逆のことを言うことで力強い見出しになっています。

以下は、講談社発行の女性誌『FRaU』の表紙に載っていたキャッチコピーです。

見本▼ ― 女たちよ! 化粧ですっぴんを「作る」時がきた!

こちらも普通であれば、「化粧しないのがすっぴん」なのに、それを「化粧で作る」というのが常識と違っていて興味をひかれます。

以下の『AERA』の中吊り広告に書かれていたキャッチコピーも、一般的な常識とは逆なので興味をひきます。

見本▼ ― 非主流だから出世できる

以下の『SPA!』の表紙に書かれたキャッチコピーも、「働かずに稼ぐ」という普通ではあり得なさそうなフレーズなので（しかもベスト25！）、ちょっと読んでみたくなります。

見本▼ ―「働かずに稼ぐ方法」ベスト25

ことわざには、「一見、真理と反対のことを言っているようで、よく考えるとそこに真実が隠されている」という逆説が使われているものが数多くあります。たとえば、「急がばまわれ」「損して得とれ」「負けるが勝ち」などがそうです。いずれも、「一見逆のことを言っているようで、確かにそういう側面もあるな」という納得感があります。

何か新しい企画を考えようとする時も、この逆説を使って、タイトルを考えてみるのもおすすめです。これまで思いつかなかった切り口の企画が生まれる可能性も高くなります。

子どもの教育雑誌の見出しで逆説を使った例を考えてみましょう。

普通▼ 子供に学ぶ子育て術
⬅
見本▼ 子供に育てられる子育て術

普通▼ 楽しく勉強する方法
⬅
見本▼ 遊びながら勉強する方法

「常識とは逆のことを言ったり、逆説を提示して相手の興味を引き出す手法」は、企画書や提案書などで使えます。特に、普通であれば採用してもらえる確率が低いケースなどでは有効です。あなたがこの方法を使って、得意先に何か提案する時のタイトルを考えてみましょう。
たとえば、あなたが経営コンサルティング会社の社員だとして、得意先に「営業スタイルの改善」を提案するとします。

普通▼　「営業スタイル改善」のご提案
見本▼　「営業せずに営業する方法」のご提案

「見本」のほうが中身を読んでみたくなるのではないでしょうか？　それは逆説になっていることで、受け手の興味をひくからです。さらにより強い逆説のタイトルを考えてみましょう。

普通▼ 「営業スタイル改善」のご提案

見本▼ 「得意先から営業される営業法」のご提案

こちらの提案も中身を知りたくなりますよね。

もちろん、どちらにしても、タイトルに見合うだけの中身がなければ、「な〜んだ」と思われ逆効果なのは、言うまでもありません。

このように、受け手の興味をひく提案のタイトルを考えて、そこから逆算して中身を考えていくと、新しい切り口が生まれてきます。

Point 18

情報を隠す

直接的な問いかけとは違いますが、人は情報を隠されると、その内容に興味や好奇心を覚え、「答えを知りたい」「続きが見たい」と思うものです。

この人間の性質を利用した手法を見ていきましょう。

この手法は、テレビ番組などで何度も何度も繰り返されています。あなたもきっと見覚えがあるでしょう。クイズ形式のバラエティ番組などを見ていて、誰かが答えを言う前に途切れ「このあと○○の衝撃の答えにスタジオ騒然！」などというテロップ。司会者や共演者の「え〜！」と驚く表情。そしてＣＭ。

または、ランキング番組などで、２位まで発表されて「注目の１位はＣＭのあとに」というテロップ。

この「CMまたぎ」という手法は、人間の持つ好奇心を利用した典型的な「情報を隠す」手法です。

人間には、謎や問題を提示されると、その解答が知りたくなってしまうという性質があります。多くの場合、わざわざ見るほどの情報ではないことはわかっていながら、CM後まで見てしまいます。

あなたにもきっと経験があるでしょう。誰かが何かの話題を喋（しゃべ）りだそうとして途中で「やっぱりやめとく」と言われたら、途端に続きが聞きたくなってしまったことが。

このように**〝中途半端な宙ぶらりんの状態にされると興味を持ってしまう〟という心理的効果のことを、ツァイガルニック効果といいます**。旧ソビエト連邦の心理学者ブルーマ・ツァイガルニク（Bluma Zeigarnik）の実験により導かれた効果なのでそう呼びます（英語読みでザイガニック効果と呼ぶことも）。

情報を隠すことで、読み手に興味を抱かせる手法は、このツァイガルニック効果を応用したものです（※Point39でも再度取り上げます）。**情報を隠す時、「〇〇」「××」のような伏せ字を使うのも有効な方法です。**女性誌の表紙に書かれているキャッチコピーにもこの手法を使っているものが散見されます。

見本▼ ― 私、〇〇したら、急にモテるようになりました…♥

これは、小学館発行の20代女性向けのファッション誌『CanCam』の表紙に載っていたコピーです。

読者アンケートからわかった「モテ」の秘訣をファッションやヘア&メークなどのジャンルごとに網羅して別冊付録にしたもののタイトルでした。

実際には大したことは書かれていないだろうとは思っていても、やっぱり「何をしたら急にモテるようになるんだろう？」と気になってしまうのではないでしょうか？

メルマガなどでもこの伏せ字にして情報を隠すという手法はよく使われています。たとえば以下のように。

普通▼	**コピーライティングは100倍儲かります**
見本▼	**コピーライティングで100倍儲かる秘訣は単純。○○○○を×××××するだけなのです。**

肝心な情報が伏せられているので、答えに興味を持つのです。

ここだけの話、ほとんどの場合、内容を読んでみると大した情報ではないことが多いのが実態です。

余談ですが、ネットニュースの見出し、新聞のテレビ番組表の紹介文などの見出しにも法則があります。「あの有名女優が結婚！」などと具体的な女優の名前が書いていない場合は、まず期待していたほどの有名女優ではありません。しかし、視聴者は「あの有名女優って誰だろう?」と好奇心をくすぐられるので、見てしまう可能性が高くなるのです。

具体的な名前を出すほうが効果の大きいと予想される場合は、その女優の実名を出すのが一般的です。

第4章

数字を使う

第４章では数字を使うテクニックを紹介します。

事実は同じでも、数字の使い方ひとつで、受け手の感じ方は大きく変わってきます。

うまく数字を使うことができれば、あなたのキャッチコピー力は格段に上がるはずです。

いろいろな数字の使い方を見ていきましょう。

Point 19

具体的な数字を入れる

何かを伝えようとする時、具体的な数字を入れると、説得力が高まります。

「数字が物語る」なんて言い方もあるように、数字を入れるだけでドラマが生まれるのです。

うまく数字を使いこなすことができれば、短く相手に刺さるフレーズを生み出すことができます。

たとえば、以下の2つのフレーズ、どちらが印象に残るでしょう?

①ほとんどの人が泣いた
②95・8%の人が泣いた

多くの人は②ですよね。

では以下はいかがでしょう?

①今までに多くの人にご利用いただきました
②今までに1万7253人の方にご利用いただきました

こちらも②のほうが多いはず。

「ほとんど」「多く」「たくさん」「大きい」などの言葉では、人によって感じ方に大きな差がでてしまいます。具体的な数字を入れると、あいまいさが消えて具体的になるので、力強く印象に残るフレーズになるのです。

その場合、**数字はできるだけ細かく表示するほうが、信憑性が高くなります。**

たとえば実際の調査データを使うなら、そのままの細かな数字を入れたほうが有効です。

普通▼	日本人の多くが
見本▼	厚生労働省の統計によると日本人の75・6％が

普通▼	当システムは今まで約５００社の企業にご利用いただいています
見本▼	当システムは今まで５１４社の企業にご利用いただいています

また、同じ量であっても単位を変えることで、より安く感じたり、効果が高く感じられたりすることもあります。

普通▼	50杯入りで950円
見本▼	1杯19円

普通▼	1錠あたり200mg配合
見本▼	1日の摂取量1200mg

ただし、数字で相手にインパクトを与え記憶させたい場合は、できるだけキリがよく小さな数字にするほうが印象的になります。あまりに大きな数字や細かな数字は、実感がわきにくく共感できなくなるからです。

イギリスの超有名シェフであるジェイミー・オリバーは、2010年のTEDトークのプレゼンテーションで冒頭に衝撃的な数字を使いました。

普通▼ **多くのアメリカ人が食べ物が原因で死にます**

見本▼ **これから話をする18分の間に4人のアメリカ人が死にます。食べ物が原因で。**

「普通」だと心に残りませんが、このような衝撃的な数字はいつまでも人の記憶に残ります。

このように具体的な数字を出すことは、企画書、プレゼンテーション、報告書、セールスレターなど仕事のあらゆる場面で有効な手法です。

あなたが就職や転職をする時、履歴書に書くプロフィールでも、実績をできるだけ具体的な数字であげると印象に残りやすくなります。**もし、今、書くべき数字が見当たらないのであれば、今からでも何か数字で示せる実績をつくっていくことを意識して活動していきましょう。**

Point

20 かかる時間を示す

何かの効果を訴求する文章の場合、それを達成するまでにかかる時間を示すと、受け手は興味を持ちます。その効果が大きくて、手軽に短時間でできそうと思ってもらえれば、なおさらです。

このテクニックはとても効果がありますが、乱用すると安っぽいと思われたり、怪しげに見えたりするので注意が必要です。

以下の文章を読んでみてください。いずれも「普通」より「見本」のほうが、具体的にかかる時間が示されているので、お手軽そうで試してみたくなります。

普通▼	とっても簡単な料理
見本▼	10分でできるとっても簡単クッキング

普通▼	わずかな時間で登録できます
見本▼	わずか30秒で登録完了

ダイエット・健康・料理などの女性向け実用本、話し方やコミュニケーションスキルを身につけるためのビジネス書など、**読者が読んですぐに効果を期待する書籍では「かかる時間を具体的に書く」という手法がよく使われています**。

書店に行けば、日や時間の単位はもちろん、分や秒単位のものまで数多く出版されていることがわかります。以下、いくつかその実例をあげておきます。

▽『1秒で一目惚れされる〝見た目〟になる!』
▽『たった1秒で仕事が片づく　Ｅｘｃｅｌ自動化の教科書』
▽『3秒でＯＫがもらえる「伝え方」の基本』
▽『ねこ背は10秒で治せる!』
▽『15秒骨盤均整ダイエット』
▽『15秒で口説く　エレベーターピッチの達人』
▽『最初の30秒で相手の心をつかむ雑談術』
▽『たった1分で人生が変わる片づけの習慣』
▽『誰とでも3分でうちとけるほんの少しのコツ』
▽『たった5分で体が変わる　すごい熱刺激』
▽『10分で読める伝記』
▽『誰とでも15分以上会話がとぎれない!　話し方66のルール』
▽『帰ってから30分で作れる晩ごはん献立』
▽『60分間・企業ダントツ化プロジェクト』

▽『1日1時間1か月でシングルになれる』
▽『3時間で頭が論理的になる本』

ネット書店「アマゾン」で検索すると、「1秒で」とタイトルがついている本だけでも、多数の本が出版されています。それ以外でも3秒、5秒、7秒など秒単位でできるとうたっている本も多数あります。このようなものの大半はその時間に大した意味があるわけではなく「短時間でできる」という言葉の置き換えにすぎません。

このように似たタイトルになるというリスクがあるにもかかわらず、多数の「かかる時間を示した本」が出版されているのにはワケがあります。それはやはり売れているからです。

「かかる時間を示す」というテクニックは、ブログやメルマガのタイトルで使用すると効果があります。

まず自分が書こうとしているテーマについて、かかる時間を考えてみます。たとえば、あなたが「人を惹きつける会話術」についてブログやメルマガを書きたいとします。

会話は第一印象が大切だから、かかる時間はできるだけ短いほうがいいなと思ったら、「見本」のようなタイトルにしてみてはどうでしょう。

普通▼

人を惹きつける会話術

⬇

見本▼

たった1秒で人の気持ちをグッとつかむ会話術

Point

21 ランキングを利用する

情報が多すぎる現在では、多くの人が買っている、支持しているという事実が、大きなウリになります。人間は、他人が買っているものに関心があるのです。書店、CDショップなどでランキングを表示しているのもそのためです。

書店に行くと、必ずと言っていいほど、週間売り上げランキングが表示されています。

「多くの人が買っている」という情報が、「自分も読みたい」という気持ちを起こさせるからです。

書籍の新聞広告でも、発行部数とともに「○○書店ランキング1位」と書かれていることがよくあります。ランキングに入っているだけでも効果はあるのですが、中でも1位であることは、さらに大きなアドバンテージになるからです。ハリウッド映画などでも、予告編で全米1位が売り文句になっているものをよく見かけます。

しかし、現実的に1位を取ることは、なかなかハードルが高いでしょう。その場合、**範囲を絞ったり、限定したりして、基準を変えることで1位になる、という手法があります**。

前述のハリウッド映画でも、全米1位は1週間だけとか、初日だけとか限定された条件が、見えないくらい小さな文字で書かれていることが少なくありません。

書籍の広告では「Ａｍａｚｏｎ1位！」とうたいながら、よく見ると総合1位ではなく、限定された分野での1位である場合も多いです。それだけ1位というのはインパクトがあるということです。

では、実際に限定されたランキングをうまく使って、ある本をミリオンセラーに押し上げたキャッチコピーを見てみましょう。

普通▼
大学生協でもよく読まれています！

見本▼
東大・京大で一番読まれた本

「見本」は、累計200万部を突破した超ロングセラー外山滋比古（とやましげひこ）著『思考の整理学』（ちくま文庫）の帯に書かれたコピーです。もともと1986年に発売された本で、2006年までに17万部を売り上げたロングセラーですが、当時はもう売れ行きが止まっていました。

そんな時、ある書店員が書いた手書きPOP（Point37で詳しくご紹介します）をきっかけに、その店で中高年を中心に再び売れるようになりました。その現象に目をつけた出版社が、そのコピーを帯につけたことで、全国の書店で火がつきました。

２００７年から２００８年にかけて40万部近くを増刷。２００８年には東京大学生協、京都大学生協において年間販売数1位を獲得しました。

その結果を受けて、出版社が新しく帯につけたキャッチコピーが、見本の「東大・京大で一番読まれた本」でした。するとさらに売り上げの加速度がつき、２００９年に１００万部を突破。文庫化から30年目の２０１６年、なんと２００万部を突破したのです。

「東大・京大の生協」という限定された条件下でのナンバー1を、日本で最も知的な場所で売れている、というアピールとして、うまく活用した好例です。それにしても売り上げが止まっていた本が、帯のコピーの力でここまで売れるのですから、「キャッチコピー力」はスゴイですよね。

あなたの社内や店内であれば、この限定した分野での1位という事実を利用して、何種類ものナンバー1をつくることができます。

たとえば居酒屋のメニューで考えてみましょう。

▽当店、鶏料理総選挙第1位獲得！
▽20代女性のお客様に人気ナンバー1
▽宮原店長、オススメトップ1はコレだ！
▽常連のお客様は「実はこれが一番おいしいよ」と言ってくれます
▽昨日、一番オーダーがあったメニューです
▽バイトスタッフ山口のオススメ1位はこれだ！
▽昨年度、日本酒部門当店ＭＶＰ
▽２０１７年度　当店における焼酎オブザイヤー受賞

などなど、視点を変えるだけで、いくらでも1位は出てきます。

そうやって1位と言われると、ちょっと試してみようかな、と思うのがお客さんの心理なのです。

Point

22 情報を体系化する

いろいろな情報を体系化して、何カ条という風に数字を使ってまとめることで、受け手は理解しやすくなります。

体系化されたものは、「法則」「公式」「ルール」「方程式」「黄金律」等、いろいろな言葉で言い表すことができます。

筆者も過去の著作でいろいろなものを体系化してきました。

たとえば、お客さんを熱いファンにするためのマーケティング手法を以下のような名前で体系化しました。

見本▼ ― お客さんと相思相愛になるためのラブストーリー戦略7カ条

また、売れるキャッチコピーの法則を以下のように体系化してまとめました。

見本▼ ― 売れるキャッチコピーの5W10H

Wは何を言うか（What to say）、Hはどう言うか（How to say）です。

ちなみに本書も、「1行でツカむフレーズ」を、39のポイントに体系化してまとめたものです。体系化してまとめることで、理解しやすいフォーマットになるのです。

もしこのポイントが体系化されていなくて、バラバラにダラダラと書かれていたとしたらどうでしょう？　大変読みにくく、印象に残りにくい本になってしまうでしょう。

あなたがやっている仕事や、会社の業務でも、「法則」や「公式」にまとめる

と、内容以上にいいように思ってもらえます。

たとえば、あなたが量販店の店長だったとして、店員たちに接客術を学んでもらうために小冊子を配るとします。その時のタイトルについて考えてみましょう。

普通▼	**お客様に買ってもらう接客とは**
見本▼	**お客様が思わず買いたくなる接客の法則5カ条**

同じ小冊子でも「見本」のほうが読んでみたくなるのではないでしょうか？
また発信する側は、何カ条という形にまとめて書くことで、自分の考えを整理しやすくなるというメリットもあります。

このテクニックは、企画書、提案書、プレゼンなどでも幅広く応用できます。

第5章

語呂をよくする

第5章では、語呂やリズムについて解説します。

「1行で心をツカむ」には、もちろん何を言うかも重要です。

ただ同じ内容であっても、語呂やリズムがいいか悪いかによって、記憶に残るかどうかに大きな差がでます。

語呂やリズムをよくする方法はたくさんありますが、ここでは代表的な3項目を取り上げました。

順番に見ていきましょう。

Point
23
3つ並べる

3つのワードが並べられると、テンポや語呂がよく心に刺さるので、記憶に残りやすくなります。これは日本語だけでなく世界共通の法則です。

「松竹梅」「衣食住」「守破離」「天地人」などの3文字熟語も語呂がいいように、3つの単語が並んでいるだけでも、語呂がよくなります。

見本▼ **うまい　やすい　はやい**

見本▼ ― 清く　正しく　美しく

見本▼ ― 友情　努力　勝利

それぞれ「吉野家のキャッチコピー」「宝塚歌劇団のモットー」「少年ジャンプの編集方針」です。

世界でも昔から、語呂がよく、リズム感のあるフレーズは、さまざまなところで用いられてきました。

見本▼ ― 来た　見た　勝った　Veni, vidi, vici,

古代ローマ時代に活躍したガイウス・ユリウス・カエサル（ジュリアス・シーザー）が、ゼラの戦いでの勝利をローマにいるガイウス・マティアスに知らせるために送った手紙の文面です。簡潔でリズムのいい文面だったからこそ、何千年もの時を経ても語り継がれているのです。

この「3つたたみかける」という手法は、会社・店・商品・人などの特徴を覚えてもらうような時に効果を発揮します。メリットを3連発にしてたたみかけることで勢いが出て記憶に残りやすくなります。

一般的にはメインで使うというよりも、ショルダーコピー（商品や企業名の上などに記載されるコピーのこと）的に使うのが有効です。

たとえば、「キャッチコピー力養成講座」というセミナーを実施するとして、

普通▼

「キャッチコピー力」養成講座

見本▼

刺さる、つかむ、心に残す
「キャッチコピー力」養成講座

「見本」は「刺さる、つかむ、心に残す」というリズムのよいキャッチコピーが

あるので、タイトルが記憶に残りやすくなります。

これは企画書や提案書などのタイトルの前につけても、同じように効果があります。

コピーライターの糸井重里さんは、この3つたたみかけるという手法で名コピーをいくつか残しています。

見本▼

―くうねるあそぶ。

これは1988年に発売された日産自動車のセフィーロのキャンペーンコピーです。食べる寝る遊ぶという言葉を組み合わせただけなのに、語呂がよく不思議に印象深いものとなりました。

見本▼

―おとなもこどもも、おねーさんも。

見本▼ ― 奇妙で、おもしろい。そして、せつない。

それぞれ、任天堂のゲームソフト「MOTHER2」「MOTHER3」のキャッチコピーです。いずれも3つの単語がうまく使われている上に、単純に並べるだけではないのがプロの技というべきものです。

Point

24 韻を踏む・駄洒落にする

「韻を踏む」とは、言葉の文頭や文末の「音」を合わせることです。韻を踏むことで、フレーズにリズムが生まれ、受け手にとって心地よさが生まれます。駄洒落(だじゃれ)は一般的にはネガティブな評価を受けることが多いですが、見出しやキャッチフレーズにうまくはまると、大きなパワーを発揮します。もちろん一歩間違えると、寒いだけになるので、使い方にはくれぐれも注意しましょう。

「韻を踏む」は、専門用語では「押韻(おういん)」と呼び、文頭の音を合わせることを「頭韻」、文末の音を合わせることを「脚韻」と呼びます。音が繰り返されることでリズム感や勢いが生まれます。読み手にとっても心地よくイメージが広がり、記憶にも残りやすくなります。

「韻を踏む」という手法は、日本だけでなく、古くから西洋でも東洋でも主に「詩」や「歌詞」などで使われてきました。

キャッチコピーでは、この韻を踏むという手法は非常に有効です。記憶に残りやすくなるからです。一般的には、「脚韻」のほうがリズムをよくしやすいでしょう。

以下のかつてＣＭ等で使われていたキャッチコピーも韻を踏んでいることで、今でも記憶に残っているのではないでしょうか？

普通▼	**コンピューターにはインテルが入っています**
	⬆
見本▼	**インテル、入ってる**

普通▼
セブンイレブンに行くと、気分がいい

見本▼
セブンイレブン、いい気分

普通▼
あしたをつくる AJINOMOTO

見本▼
あしたのもと AJINOMOTO

普通▼
バザール開催中です

見本▼
バザールでござーる

1999年5月16日、話題の高卒ルーキーとして西武ライオンズに入団した松坂大輔選手は、当時5年連続首位打者を続けていたイチロー選手が所属するオリックスブルーウェーブ戦に先発しました。結果は、イチロー選手から3三振を奪うなど、8回を13奪三振1安打に押さえる快投をみせました。以下はその日のヒーローインタビューで、松坂選手が語った言葉です。

普通▼ **すごい自信になりました**

見本▼ **自信が確信に変わりました**

「見本」のコメントは、プロ野球選手の名言のひとつとして、今でも多くの人に記憶されています。もし「普通」のようなコメントであったならば、誰の記憶にも残らなかったでしょう。

「自信」と「確信」という韻を踏む言葉だったからこそ、多くの人の記憶に残ったのです。

駄洒落はうまくはまると、スピード感が生まれます。

以下は、マガジンハウス発行の女性誌『ａｎ・ａｎ』の表紙にあったキャッチコピーです。

普通▼	**腸を整えやせる**
見本▼	**腸で超やせ！**

女優の有村架純（ありむらかすみ）さんがおなかを出している写真と相まってかなりのインパクトがありました。

『ＡＥＲＡ』の中刷り広告には、必ずその号の表紙の写真や記事の内容に合わせた駄洒落が載っています。

見本▼

▽作家も、またヨシ（表紙に又吉直樹氏）
▽手ごわいＡＩ手（ＡＩ特集）
▽相続ゼーゼー（相続税の特集）
▽元東大、暗し？（学歴特集）
▽みんなの、おーきな輪！（沖縄特集）
▽こイケイケドンドン（小池都知事特集）
▽どーなるド、トランプ（トランプ大統領特集）

このような駄洒落が実際にどれくらいの効果があるのかはわかりませんが、毎週続けていることで楽しみにしている方も一定数はいるかもしれません。

駄洒落が上手なコピーライターで、まず思い浮かべるのが、２００９年に亡くなった、『ＡＥＲＡ』の命名者でもある眞木準さんです。

眞木さんの作品を見てみましょう。

見本▼

▽でっかいどお。北海道。（全日空　北海道キャンペーン）
▽おぉきぃなぁワッ。（全日空　沖縄キャンペーン）
▽ホンダ買うボーイ。（ホンダ　CR‐V）
▽ボーヤハント。（ソニーハンディカム）
▽ネクタイ労働は甘くない。（伊勢丹）
▽イマ人を刺激する。（TDK）

これらは単なる駄洒落ではなく、商品のイメージが広がっていく、名コピーになっているのがわかるでしょうか？　これらの作品は、一見すると、誰でもつくれそうに思えるかもしれませんが、普通の人間にはなかなか真似できるものではありません。絶妙な言葉を使う感覚が問われるからです。

Point

25 対句にする

対句(ついく)とは、並べられた2つのフレーズが、形や意味上で対応するように作られた表現形式のことをいいます。リズムがよくなるのに加えて、お互いのフレーズを際だたせ、引き立てることで印象深いものになります。

対句は、諺(ことわざ)や慣用句などでよく使われます。たとえば、次のようなものがあります。

▽「芸術は長く、人生は短し」
▽「聞いて極楽、見て地獄」

▽「沈黙は金　雄弁は銀」
▽「帯に短し、たすきに長し」
▽「前門の虎　後門の狼」
▽「勝てば官軍、負ければ賊軍」
▽「注意一秒、怪我一生」

いずれも語呂がいいので覚えやすく、心に残るフレーズになっていることがわかるでしょう。

実際、対句は、書籍のタイトルや雑誌の見出しでよく使われる手法です。

2000年代に入ってからも、年間ベストセラーの上位に、対句のタイトルがついたものが何冊も入っています。

たとえば、以下のようなものです。

▽『話を聞かない男、地図を読めない女』(2000)
▽『金持ち父さん貧乏父さん』(2000)
▽『嘘つき男と泣き虫女』(2003)
▽『頭がいい人、悪い人の話し方』(2004)

いずれも人で対比させていますね。このように人を対比させるという手法は、雑誌の見出しやキャッチコピーでもよく見られます。

以下はそれぞれ『PHP』と、『AERA』の見出しです。

見本▼

▽毎日が楽しい人、つまらない人
▽結婚　うまくいく人　いかない人

もちろん対比するのは人だけではありません。以下はそれぞれ『週刊東洋経済』『AERA』『プレジデント』の見出しです。

見本▼

▽伸びる会社沈む会社

▽文系の壁・理系の壁

▽「上流」老後、「下流」老後

女性誌の場合、対比させるのは「洋服」「流行」と「それを着る私」であることが多いです。以下は、それぞれ『CLASSY.』『MORE』『HERS』の見出しです。

見本▼

▽「安くて優秀！」と「高くても欲しい！」

▽私たちの「買うトレンド」「捨てるトレンド」

▽50歳の「着る勇気」「着ない勇気」

また対句という手法は、デパートやファッションビルでイメージを向上させるためのキャッチコピーにもよく使われます。

以下の見本は、JR東日本が運営するファッションビル「ルミネ」のポスターに使われていたキャッチコピーです。

いずれも、対句という手法で女性からの共感を得られるフレーズになっていますね。コピーライターは尾形真理子さん。

見本▼

▽縛られたくなくて。離されたくなくて。
▽自分を根っこから否定しない。自分をまるごと肯定しない。
▽嘘泣きはする。作り笑いはしない。
▽恋してないと、弱くなる。恋ばかりだと、脆くなる。
▽自分を好きな自分が嫌い。自分を嫌うのはもっと嫌い。

2012年、それまで山陰地区に店がなかったスターバックスジャパンが、島根県松江市に出店することを発表しました。その時点で、47都道府県でスターバックスの店舗がないのは鳥取県のみになったのです。

その時、インタビューに答えた鳥取県知事の平井伸治(しんじ)さんが発した対句による1行が、のちに鳥取に大きな経済効果を産み出す1行になりました。

普通▼ 鳥取はスタバはなくても鳥取砂丘がある

見本▼ 鳥取はスタバはないけど、日本一のスナバがある。

スナバとはもちろん、鳥取砂丘のことです。

この対句の1行は大きな話題になり、その影響で、2014年4月には鳥取駅近くに「すなば珈琲」ができました。そして2015年5月、とうとう本物のスターバックスが鳥取駅近くにできることになり、以前からの知事の「スナバ発言」という前フリもあり、ものすごい盛り上がりになったのです。これが「普通」のような発言であったなら、ほとんど話題にならなかったでしょう。

２０１６年8月に行われたリオオリンピック。体操で団体金メダルを取ったあと、「ひねり王子」こと白井健三選手が語ったコメントも対句が印象的でした。

見本▼

―「人生で一番心臓に悪い日」と言ってても過言ではないんですけど、間違いなく「人生で一番幸せな日」になりました

「人生で一番心臓に悪い日」と「人生で一番幸せな日」を対比させることで、幸せを強調した見事な対句です。ちなみに白井選手はこの時、まだ19歳。それ以降も、対句や数字を駆使した秀逸なコメントを連発しています。

たとえば、２０１７年5月のＮＨＫ杯で、内村航平選手に僅差で逆転されて2位に終わった時のコメントも、対句でした。

見本▼

―小さな点差の中に大きな壁を感じている

「小さな点差」と「大きな壁」が見事な対比ですね。ひねり王子と呼ばれている白井選手ですが「対句王子」と呼びたいくらいです。

対句には細かく分けるといろいろなパターンがありますが、企画書や提案書などで使う時は、命令形を組み合わせた対句（「○○をXするな　△△をXせよ」）が使いやすいかもしれません。

たとえば、書店に向けた新しい売り方の提案をするとします。そのタイトルを考えてみましょう。

普通▼　貴店の本棚を魅力的にするためのご提案
⬅
見本▼　本を売るな。ストーリーを売れ。

「見本」のようなタイトルにすると、その先を聞いてみたくなりませんか？

第6章

比喩や名言を使う

第6章では、比喩や名言の使い方について解説します。

比喩はうまく決まると、読み手の心に刺さり、忘れられない、拡散しやすいフレーズになります。一方、凡庸な比喩は、恥ずかしい結果になってしまうことも多々あるので注意が必要です。

名言をうまく使ったり、有名なタイトルやフレーズをもじる「本歌取り」という手法も、比喩と同じような効果があります。

どれもマスターしたい手法です。

Point

26 比喩を使う

比喩は細かく分けると、いろいろな種類がありますが、「直喩（明喩）」と「隠喩（メタファー）」の2種類だけ覚えておけば十分です。

ごくごく簡単に説明すると、「直喩」は〝比喩であることがわかるように示している比喩〟です。具体的には「○○のような」「○○みたいな」「○○のごとく」などといったフレーズがつくのが直喩です。

それに対して一般的には、比喩であることを示さないで用いるのが、「隠喩（メタファー）」です。**直喩に比べて、スピード感があり、ストレートに読み手の心に届くので、より心に刺さりやすくなります**。ただその分、たとえた意味がわかってもらえなかったり、見逃したりされたりすることもあります。
キャッチコピー力という観点からは、「直喩」と「隠喩」の区別を厳密に考える必要はありません。

以下の見本は、１９９４年に公開され、アカデミー賞作品賞をとった映画『フォレスト・ガンプ』の冒頭に出てくる印象的なセリフです。

見本▼

人生はチョコレートの箱のようなもの。開けてみるまで中身はわからない。

これは「直喩」ですが、「人生はチョコレートの箱だ」と隠喩で言い換えても大差はありません。
このセリフのように、映画や小説などでは、細かなストーリーは忘れてしまっても「比喩を使った1行だけはいつまでも覚えている」などということがよくあります。

ここで、比喩がいかに人の行動に効果をもたらすかの例を見ておきましょう。

サンタクララ大学のマクワリーとフリップスは、食器洗い用の洗剤で、比喩を使ったコピーと、使わないコピーを比較して、どちらが効果があるか調べました。

普通▼	**この洗剤は、頑固な汚れをキレイに落とします！**
見本▼	**この洗剤は、頑固な汚れをブルドーザーのようにキレイに落とします**

比較テストの結果、「見本」のように比喩を使ったほうが、「この洗剤を使ってみたい」という人は有意に多いという結果になりました。比喩を使うことで、人の心に強い印象を残したのです。

小説家の村上春樹さんは、作品に印象に残る比喩が数多く登場することで有名です。彼が2009年にエルサレム賞を受賞した時のスピーチも、「壁」と「卵」という隠喩（メタファー）を使って大きな話題になりました。

見本▼

もしここに硬い大きな壁があり、そこにぶつかって割れる卵があったとしたら、私は常に卵の側に立つ

そのスピーチの中で村上氏は、自ら、壁は「爆弾、戦車、ロケット弾、白リン弾」、卵は「これらによって押しつぶされ、焼かれ、銃撃を受ける非武装の市民たち」のメタファーであると説明しました。このメタファーを使ったことで、鮮明にイメージが喚起され、聞き手の心に残ったのです（逆の効果として、壁の解釈を巡って、さまざまな意見がありました）。

Point24の駄洒落の項でもご紹介したコピーライターの眞木準さんは、メタファーの達人でもありました。

次にあげるのは、いずれも全日空の沖縄キャンペーンのキャッチフレーズです。

見本▼

▽**トースト娘ができあがる。**
▽**裸一貫、マックロネシア人。**
▽**高気圧ガール、はりきる。**
▽**タキシード・ボディ、流行。**
▽**帰ったら、白いシャツ。**

どれも言いたいことはひとつだけ。「沖縄に行ってこんがり日焼けしましょう」です。それを毎年（7年続いたとのこと）、新しいメタファーを繰り出し、世間をドキッとさせ続けたのです。文字だけでも、ビーチで楽しみ、日焼けした人の姿のイメージがパッと頭に浮かびますよね。

企画書や提案書などでメタファーを使う時には、少しぐらい強引になっても言い切ってしまうと、強いフレーズになります。

たとえば、あなたが人前でプレゼンをしなければならないとします。テーマは「商品開発」について。そのタイトルについて考えてみましょう。

普通▼
商品開発の進め方について

↓

見本▼
商品開発はロッククライミングだ！
〜時代という岩に手をかけ1歩1歩登れ〜

どうでしょう？「見本」のほうが興味をそそるのではないでしょうか？このようにメタファーを使うと、心に残るフレーズができやすくなります。

Point

27 擬人法・擬物法を使う

擬人法とは、「物や動物のように人間でないものを、人間になぞらえて表現すること」をいいます。一方、擬物法とは、「人の動作や様子を物や動物などにたとえる手法」です。

「空が泣く」「花が笑う」などといった表現が擬人法の代表例です。体の一部を人格があるように表現したことで流行語にもなったフレーズがあります。１９８２年東陶機器（現ＴＯＴＯ）が放送を開始したシャワー式トイレ「ウォシュレット」のＣＭのキャッチコピーです。

普通▼　おしりも洗いましょう

見本▼　おしりだって、洗ってほしい

「普通」であれば、あまり話題にならなかったでしょう。あたかもお尻が人格を持っているように語ったからこそ印象的なフレーズになったのです。コピーライターは仲畑貴志さん。

「商品自らに語らせる」という手法もあります。以下の見本のキャッチコピーは、逆さに立てられる容器が売りのケチャップがマヨネーズに語りかけるという擬人法を使っています。

普通▼　容器を逆さに立てられるケチャップ

見本▼　マヨネーズよ。マネすんなよ

擬人法は商品のネーミングでも威力を発揮します。商品やサービスを擬人化すると、それ自体がキャラクターになってイキイキと躍動しはじめます。単純に商品名に「君」「さん」「ちゃん」をつけるだけでも違います。

たとえば、赤城乳業のガリガリ君。もともと氷をかじる時の擬音語から、商品名が「ガリガリ」で決まりかけていたところ、それではおもしろくないという社長の提案で「ガリガリ君」になったそうです。

そのおかげで、とても親しみやすい商品名になり、商品もロングセラーになっています。ちなみにガリガリ君のキャラクターは埼玉県深谷市に住む小学生、という設定です。

サントリーのオレンジ果実飲料「なっちゃん」も、ちゃんが付けられていることで親しみがもてる名前になっています。

擬物法とは、「人の動作や様子を物や動物などにたとえる手法」です。「一家の大黒柱」「生き字引」「警察の犬」などという慣用句はまさにそうですね。よく観客の前で講演するような時、緊張をやわらげるために「お客さんはかぼちゃだと思え」というアドバイスをすることがありますが、これも「擬物法」です。

テレビCMでは、この擬物法をビジュアルで表現する手法がよく見られます。最近では、パナソニックのロボット掃除機「ルーロ」のCMで、俳優の西島秀俊さんが、掃除機に吸い取られそうになる「ゴミ役」を演じていました。また花王の液体洗剤アタックNEOでは、俳優の豊川悦司さんが洗濯槽の中の「悪臭菌役」を演じています。

たとえば、学校のPTAの行事で、生徒の父親に何か手伝ってもらいたいことがあったとします。その呼びかけのためのチラシをつくる際のキャッチコピーを例に考えてみましょう。

普通▼
休日のお父さん、ぜひご協力ください！

見本▼
休日のお父さん！
「粗大ゴミ」から「貴重な資源」になってください！

「普通」だと当たり前すぎて、スルーされてしまいます。「見本」では擬物法を使うことで、それを読んだお父さんたちは、「自分はこのように思われているのか」とドキッとして、内容をより注意深く読んでくれる可能性が高まります。

Point

28 名言を引用する

「名言」とは「物事の本質をとらえた言葉」のことを言います。一般的には、偉人や有名人などが残したすぐれた簡潔なフレーズのことを指しますが、映画やドラマ、小説、マンガやアニメなどのフィクションの中のセリフや、一般人が普段何気なく語った一言も含まれます。

政治家の演説では、先人の名言を引用することが多いです。それには理由があります。**名言を上手に引用すると受け手は、引用した人まで、何かいいことを言ったような錯覚に陥るからです**。単に引用しただけで、オリジナルなものではないにもかかわらず、です。これは、名言自体に人の心を動かす力があるのと、人間が権威に弱いという性質があるからです。

2005年、郵政民営化の是非をめぐって衆議院を解散した小泉純一郎首相（当時）は、その直後の記者会見での演説で以下のように語りました。

「約四百年前、ガリレオ・ガリレイは、天動説の中で地球は動くという地動説を発表して有罪判決を受けました。その時ガリレオは、それでも地球は動くと言ったそうです」

この名言の引用により、多くの国民は「どんなに非難を浴びても郵政民営化という信念を貫き通す小泉首相の姿」をガリレオと重ね合わせました。冷静に考えれば「郵政民営化という政策」と「地動説」はまったく関連性がないにもかかわらず。

名言を引用することには、このような強力なメリットがあります。

企画書やプレゼンテーションなどで、内容に合った名言を引用するというのも有効な手法です。以下に、使い勝手がよさそうな名言を集めておきました。

見本▼

▽未来を予測する最良の方法は、未来を創ることだ
（ピーター・ドラッカー）

▽決断しないことは、時として間違った行動よりも悪い結果を招く。
（ヘンリー・フォード）

▽生き残る種(しゅ)とは、最も強い者でも最も賢い者でもない。変化に最もよく適応した種である
（チャールズ・ダーウィン）

▽シンプルであることは複雑であることよりも難しい
（スティーブ・ジョブズ）

▽成功は、最低の教師だ
（ビル・ゲイツ）

▽成功の秘訣は、他社の動向に気を取られないことにある
（ジェフ・ベゾス）

▽商売とは感動を与えることである
（松下幸之助）

▽乗る人がいなくて赤字になるなら、乗る客を作り出せばよい
（小林一三）

▽どんなに売れる商品でも、3年後には墓場へやれ
（石橋信夫）

▽チャンスは貯金できない
（樋口廣太郎）

いずれの名言も、企画やプレゼンの内容と合っていて、うまく使うことができれば効果があるでしょう。受け手は、たとえあなたの言うことは信用していなくても、権威のある人間の名言は信用します。**名言の力のおかげで、あなたの発言や文章の信用度が増すのです。**

もちろん他にも使える名言は無数にあります。できるだけ多くの名言を自分の引き出しに仕入れてストックし、それらを自分のものにして、いつでも自在に活用できるようにしましょう。

名言は必ずしも卓越した経営者・偉人のものばかりではありません。メディアなどで芸能人や出演者が語った言葉や、町中で普通の人がぼそっと口にしたフレーズなどの中から、これはというものがあればストックしておくと、応用して使うことができます。

たとえば、以前、NHKの「超絶　凄ワザ！」という番組で、深海1万mと同じ1000気圧に耐える究極のボンベづくりを2社の板金加工会社が挑み対決するという企画をやっていました。その中の1社、大手メーカーから試作品の部品を託される板金加工会社の社長は、以下のような言葉を発しました。

見本▼

「試作屋にとっては99点はゼロ点と同じだから」

なんだかちょっとカッコいい言葉ですよね。

抽象化すると「△△にとって○○は××と同じだから」ということになります。これに具体的な言葉を入れていくと新しいフレーズになります。

このように、ストックしたフレーズを一度抽象化したうえで、別の形で具体化するとオリジナルのフレーズをつくることができます。

ぜひ実際につくってみてください。

Point

29

本歌取りをする

「本歌取り」とは、本来、和歌の技巧のひとつで、有名な古歌（本歌）の一部を取り入れる手法のことをいいます。ここではそれを転じて、有名なタイトルやフレーズをもじって（誰にでもわかるような形で）新たなキャッチコピーをつくることをいいます。

この方法は元ネタがあることで、伝わるスピードが格段に早くなります。雑誌のキャッチコピーや見出しには、この「本歌取り」という手法がよく使われています。

以下はいずれも『ＡＥＲＡ』の表紙にあったキャッチコピーです。

見本▼ ― そうだ、会社を休もう。

見本▼ ― 見せてもらおうか、君の英語力とやらを

見本▼ ― 会社は人事が9割

「そうだ、会社を休もう。」は、JR東海の「そうだ京都、行こう。」からの本歌取り。

「見せてもらおうか、君の英語力とやらを」は、機動戦士ガンダムのシャア・アズナブルの名セリフ「見せてもらおうか、連邦軍のモビルスーツの性能とやらを…」からの本歌取り（この号の特集はガンダムと英語の2本立てだった）。

「会社は人事が9割」はベストセラー『伝え方が9割』（もしくはより以前のベストセラー『人は見た目が9割』）の本歌取りです。

いずれもどこかで見聞きしたフレーズなので、頭に入ってきやすいキャッチコピーになっています。

女性誌でも本歌取りのキャッチコピーは数多く見られます。以下は、それぞれ『VERY』『美ST』『セブンティーン』『Oggi』です。

見本▼
―VERY世代は、みんな違って、みんな、イイね！

見本▼
―40代、キレイのために「いつ変わるか？　今でしょ！」

見本▼
―進撃のJK欲望の冬コーデ400

見本▼
―オンは「愛嬌」！　オフは「度胸」！

「みんな違って、みんな、イイね！」は金子みすずの詩の一節の語尾を「イイね！」に変えたもの。

「いつ変わるか？　今でしょ」は、林修氏が東進ハイスクールのCMで語ったフレーズ「いつやるか？　今でしょ！」から。

「進撃のJK」は大ヒットした漫画・アニメ『進撃の巨人』から。

「オンは愛嬌、オフは度胸」は、ことわざ「男は度胸、女は愛嬌」からのそれぞれ本歌取りです。

ドラマや小説のタイトルなどにも、この本歌取りの手法はよく取り入れられています。

原文▼　花より団子
見本▼　花より男子

原文▼　渡る世間に鬼はなし
見本▼　渡る世間は鬼ばかり

原文▼　命短し恋せよ乙女
見本▼　夜は短し歩けよ乙女

このように、**本歌取りをすると、伝わるスピードは速くなります。**

ただし、ＣＭなどのコピーで安易にこの手法を使うと、品位を下げることがあるので注意が必要です。

第7章

言葉の使い方を工夫する

第7章では、「言葉の使い方の工夫」についてみていきましょう。
言葉を組み合わせることで化学反応を起こす。
普通はその場面で使わない言葉を使う。
権威の力を借りる。お客さんの声を使う。
言葉は使い方をちょっと工夫すれば、大きな効果をあげることができます。
それぞれ手法をみていきましょう。

Point

30

言葉の化学反応を起こす

それぞれは平凡な言葉でも、普段組み合わされない言葉同士を組み合わせると化学反応を起こして、意外性のある強いフレーズになることがあります。

以下の見本は、2009年にトヨタのテレビCMで使われ流行語にもなったフレーズです。

見本▼

こども店長

「こども」も「店長」もそれぞれは平凡な単語ですが、組み合わされると化学反応が起こって「強い言葉」になるのです。

逆に、**子どもがやるのが普通で大人があまりやらないものに「大人の」をつけると化学反応が起こって少しおもしろい言葉になります。**

見本▼

- ▽大人の社会科見学
- ▽大人の修学旅行
- ▽大人の駄菓子屋
- ▽大人の夏休み
- ▽大人の絵本

東京オリンピックのメイン会場になる予定の新国立競技場。この設計を担当した隈研吾（くまけんご）さんの建築観をあらわしたキャッチコピーは以下の通りです（書籍のタイトルにもなっています）。

見本▼ 負ける建築

それぞれは平凡な単語ですが、組み合わさることによって非常に強いメッセージを発信する言葉になっています。

内容的には「主張しすぎず周囲に調和する建築」ということになるのでしょうが、これがもし「調和する建築」というフレーズでは、ここまで強いインパクトを残すフレーズにはなりません。

以下の見本は英会話学校のＮＯＶＡが長年にわたって使い続けてきたキャッチコピーです。

見本▼ 駅前留学

「駅前」と「留学」という異質な言葉が組み合わされることによって化学反応を

起こし、英会話学校の特徴を見事に言い表しています。また、ある種の比喩にもなっていますね。これを超えるキャッチコピーを生み出すのは、なかなか難しいかもしれません。

以下の見本は浜松銘菓「うなぎパイ」につけられているキャッチコピーです。

見本▼ ― 夜のお菓子

「お菓子」という平凡な単語に、「夜」という単語を合わせただけですが、化学反応が生まれています。

本来は、「忙しい家族がそろう夜の一家団らんのひとときにみんなで食べてほしい」という意味でつけたキャッチコピーらしいですが、精力増強的なニュアンスで広まってしまったといいます（でもそのおかげでヒットしたともいえます）。

このように**朝昼夜という1日の時間帯をズラすことでも、おもしろさが引き立ちます**。「朝食」「ブランチ」「ランチ」「ディナー」という言葉は一般的には食事の時間帯に合わせて決められるのが普通です。これを時間帯を変えて使ってみるのはどうでしょう？

見本▼

▽**夜のランチ**
▽**真夜中の朝食**
▽**夕方ブランチ**
▽**昼からディナー**

普通の時間帯に並んでいるメニューとは、価格帯や内容を変えることで、顧客の興味をひくことができるかもしれません。

また、本のタイトルなど、**短い言葉でインパクトを出そうと思う時には、使わ**

れている単語同士のイメージが、できるだけ離れているほうが心に刺さるものになります。

見本▼

▽『国家の品格』
▽『教室内（スクール）カースト』
▽『三匹のおっさん』
▽『神様のカルテ』
▽『大人のラジオ体操』

いずれも、異質で意外な言葉の組み合わせにより、心に残るフレーズになっています。

Point

31 普段使わない言葉を使う

普段その場面ではあまり使わないような言葉を使うと、違和感を覚えて「何だろう？」と興味をそそられます。

女性誌の見出しでは、読者の興味のある話題に、普段使わないような硬い言葉や古い言葉を組み合わせるという手法がよく使われます。その違和感によって、印象に残るフレーズになるからです。『VERY』の表紙にあったキャッチコピーを見てみましょう。

普通▼
5月にオシャレの宣言

見本▼
5月が、オシャレの所信表明！

「所信表明」という政治用語と、「オシャレ」という言葉の組み合わせが新鮮ですね。

次は、『STORY』の表紙のキャッチコピー。

普通▼
発表！　10人のオシャレリーダー

見本▼
発表！　10人のオシャレ内閣

こちらも「内閣」という政治用語と「オシャレ」を組み合わせています。ちなみにこの内閣には、オシャレ総理大臣から、モテぽにょ大臣、カジュアル戦略担当局担当大臣など、いろいろな大臣が登場します。

次は『婦人公論』の表紙に書かれていたキャッチコピーです。

普通▼　婚外恋愛のススメ

↓

見本▼　婚外恋愛白書2012〜もう夫では満足できない〜

「白書」とは本来、政府が社会政治等の実態をまとめた報告書のことをいいます。それを「婚外恋愛」という言葉と組み合わせたことでインパクトのある表現になっています。

同じく『婦人公論』の表紙に書かれていたキャッチコピーです。

普通▼ 50代から老後を考える

見本▼ 50代からの大往生計画

こちらも「大往生」という言葉と一番合わないであろう「計画」という言葉を組み合わせたことで強いフレーズになっています。

この手法は女性誌に限りません。以下の見本は『ＳＰＡ！』のものです。

普通▼ 会社別合コン情報

見本▼ 合コン四季報２０１６秋

「四季報」とは、『会社四季報』（東洋経済新報社）をイメージさせるもので、本来は会社ごとの情報や業績をコンパクトにまとめたものです。それを「合コン」という言葉と組み合わせたことでユニークな表現になっています。この見出しに2016とあるように、毎年発表される恒例企画です。ちなみにこの見出しのサブタイトルに「夜の株を上げた企業、暴落した会社とは?」というフレーズが書かれています。

以下の見本も、『SPA!』にあった見出しです。

普通▼ 働き方がわからない 40代へのアドバイス

見本▼ 40代【働き方がわからない】への処方箋

こちらも普通は医療用語である「処方箋」という言葉を使っていることで、より切実感を出しています。

このように普段は使わない言葉を普通の言葉に組み合わせるだけでも、ちょっと新しい感じのフレーズがつくれます。

・これをビジネスの場で応用してみましょう。

たとえば、自社がその商品でシェアナンバー1を目指してプロジェクトを立ち上げる時、プロジェクト名を考えるとしましょう。

こんな時、**普段ビジネスシーンでは使わないような言葉を持ってくると、ちょっとおもしろいフレーズになります**。

普通▼	**シェアNO1プロジェクト**
	↓
見本▼	**天下統一プロジェクト〜めざせシェアNO1!**

ここでは、戦国時代をイメージさせるような言葉を持ってきました。社員のモ

チベーションを上げることも目的ですが、ここから新しいアイデアが生まれてきたりもしそうです。

たとえば、地区ごとの責任者を戦国武将の名前で呼ぶようにするのはどうでしょう?　広報で社外にうまくアピールすれば、話題になる可能性もあります。

Point

32 権威の力を借りる

人間は権威に弱いものです。商品を売る際、権威を利用したキャッチコピーは効果があります。ここでいう権威とは、公的機関、研究機関、専門家、有名人などのお墨付きや推薦があるということです。

人間が権威にいかに弱いかは、さまざまな研究者によって実証されています。心理学的にはハロー（後光）効果と呼ばれるものです。

同じ商品であっても、公的機関、研究機関、専門家、有名人などによるお墨付きや推薦があるかどうかで、イメージは大きく変わります。

以下の見本は、2007年、サントリーのビール「ザ・プレミアム・モルツ」のCMで使用されたキャッチコピーです。

普通▼
厳選されたこだわりのビール　ザ・プレミアム・モルツ

見本▼
モンドセレクション最高金賞3年連続受賞
ザ・プレミアム・モルツ

このCM効果もあって、2008年度「ザ・プレミアム・モルツ」は「エビスビール」を抜いて「プレミアムビール市場」で売り上げナンバー1になりました。

モンドセレクションという賞が、実際にどういう賞なのかは多くの人は知りませんが、何となく価値があるように思ってしまうのです。

書店に行けば「ハーバード」「スタンフォード」というアメリカの大学名が書

名に入った本をたくさん目にします。

見本▼

▽『ハーバードの人生を変える授業』
▽『ハーバード流交渉術』
▽『ハーバードでいちばん人気の国・日本』
▽『ハーバード式ロジカル英語』
▽『ハーバード流宴会術』
▽『スタンフォードの自分を変える教室』
▽『スタンフォード式最高の睡眠』
▽『スタンフォードのストレスを力に変える教科書』
▽『スタンフォード大学　マインドフルネス教室』
▽『スタンフォードでいちばん人気の授業』

これらも権威の力を借りている典型例です。世界的に有名な大学の名前が入っているど、何となくスゴイことが書かれているような気になるのです。

不思議なことに、「ハーバード大学」「スタンフォード大学」を使った書名はたくさんあるにもかかわらず、アメリカではその2校と肩を並べる難関校である「イェール大学」「プリンストン大学」などが書名に入った本はわずかしかありません。日本での知名度や音の響きが大きく影響しているのでしょう。

美容用品や健康器具・健康食品などでも、「○○大学××教授」や「○○研究所」などの推薦が入っているものも少なくありません。これも権威の力を利用して、商品に対する信頼を醸成しているのです。また併せてモデルや女優などの芸能人を広告に使うことで、安心感を与え、ブランドイメージの向上を図っているケースも少なくありません。

ではこのような、公的機関、研究機関、専門家、有名人などのお墨付きや推薦などが得られない場合はどうすればいいでしょう?

たとえば、**社内である商品に関して専門性を持っている人物を、ある種の権威にしてしまうという手法があります。**

たとえば居酒屋のメニューに書かれている説明文で

普通▼
店長オススメ！

見本▼
日本酒一筋25年の頑固店長がオススメ！

「見本」のほうが飲んでみたくなりますよね。これは店長が日本酒一筋25年という専門性が高いと感じさせる表現によって、ある種の権威になっているのです。経験の年数だけが専門性ではありません。たとえば書店のＰＯＰを考えてみましょう。

普通▼	**店長オススメ！**
見本▼	**年間100冊以上の小説を読むバイト渡辺が、⇐ 今年一番泣いた一冊はコレ。**

これも「見本」のほうが読みたくなりますよね。これはたとえバイト君であっても、年間100冊以上の小説を読むということで専門性が高いと感じさせることができ、権威といえる存在になっているからです。

冷静に考えると、日本酒一筋25年だからといって味の好みは人それぞれでしょうし、年間100冊以上小説を読んでいようと彼のすすめる小説がすばらしいかどうかはわかりません。

でも、**権威に弱い人間は、自分よりも専門性が高いと思える人がすすめていると思うと、無意識のうちにスゴイと思ってしまうものです**。

あなたが何か商品を売る時には、ぜひこのテクニックを使いましょう。

Point

33 利用者に語ってもらう

企業やお店が発信する広告や情報を、受け手は心の底から信用しているわけではありません。「そりゃ売りたいから、いいことばかり言うよな」と思っているのが普通です。それに対して、同じ立場の利用者の声は信用されやすくなります。

現代広告の父と呼ばれ、世界的な広告代理店オグルヴィ&メイザーの創始者であるデイヴィッド・オグルヴィは、以下のように述べています。

「コピーには常に推薦文をつけておくべきだ。読者には、匿名のコピーライターの大絶賛よりも、自分と同じ消費者仲間からの推薦のほうが受け入れやすい」

（『ある広告人の告白』山内あゆ子訳／海と月社）。

利用者の声は買い手側の同じ立場ですから、お客さんは自分に置き換えて考えやすくなるのです。

「通販生活」のサイトには、多くの商品に利用者の声が載っています。

たとえば、メディカル枕という商品の紹介ページには、以下のような利用者の声が載っていました。

見本▼一

「枕の好みは千差万別なのに、多くの人がちょうどいいと感じるのだから、この凹（へこ）み、よほど考え抜かれているのね」

佐藤愛子さん（作家）

フィンガー式ドライヤーの商品紹介ページには以下のような利用者の声が載っ

ています。

見本▼

「このドライヤーでセットするようになってから、頭のてっぺんが簡単にふわっとします。しかも、このふんわりが夕方まで続くんです」

里中満智子さん（マンガ家）

マキタのコードレス掃除機の商品紹介ページには以下のような利用者の声が載っています。

見本▼

「マキタだとあまり掃除をしている気がしない。『あ、ごみ』の『あ』で手がひとりでに動いて、一瞬で吸い終わっている」

高橋源一郎さん（作家）

いずれの利用者も文化人として著名ですが、有名人としての推薦というよりは、あくまで利用者の声として載せているのが特徴です。

利用者の声を載せる時には、可能な限り実名で、写真があるとよりいいでしょう。また、その商品やサービスを利用したことによって得られた「価値」が書かれているとさらに効果があります。

また、あまりにその商品を絶賛した声ばかりでは信用されません。マイナス面も含め、正直な声を紹介したほうが結果的には信用してもらえます。

第8章

造語

第8章では、「造語」について解説していきます。

「造語」とは、新しくつくられた単語のことです。

今まで名前がなかった世の中の現象や抽象概念に新たな名前をつけると、長々と説明しなければいけないことをひと言で表現できます。

また、うまくはまれば、社会的に広く認知されていくこともあります。

Point

34 短縮して造語をつくる

言葉を縮めることで、別のニュアンスが生まれて流通しやすくなり、造語として定着することもよくあります。

以下の見本はいずれも、言葉が生まれてから10年以上になり、２０１７年現在、すっかり定着した造語です。もともとは、元の言葉を短縮したものでした。

原型▼ いけてるメンズ

造語▼ イケメン

原型▼　アラウンドサーティ
造語▼　アラサー

原型▼　メタボリックシンドローム
造語▼　メタボ

「イケメン」は、顔が美形な男性をさす言葉。「イケてるメンズ」の略、もしくは「イケてる面」の略。１９９９年ギャル系雑誌『ｅｇｇ』で使われたのがルーツと言われています。

「アラサー」は30歳前後の女性（現在は男性も含む）のことです。和製英語の「around thirty」（アラウンド・サーティー）の略。２００５年創刊の女性雑誌

『GISELe』が使い始めたと言わています。

「メタボ」は、「メタボリックシンドローム」の略。「内臓脂肪症候群」とも呼ばれ、本来は「内臓脂肪の蓄積」によって、高血圧や糖尿病、高脂血症などの生活習慣病の重なりが起こっていることをいいます。2005年くらいから普及し始め、2006年には流行語大賞のトップ10に入りました。現在はただ太っている男性に使われることが多いようです。

他にも使われだして数十年たちすっかり定着している「セクハラ（セクシャルハラスメント）」「ドタキャン（土壇場でキャンセル）」「合コン（合同コンパ）」「パソコン（パーソナル・コンピューター）」「エアコン（エアー・コンディショナー）」などや、ここ10年くらいで使われだした「スマホ（スマートフォン）」「ガラケー（ガラパゴス化した日本の携帯電話）」など、既に一般用語と認知された数多くの短縮型の造語があります。

ただ縮めるだけでなく、言葉の頭文字を繋げて略すことで「造語」をつくると

いうテクニックもあります。同じ言葉が、アルファベットだけで表示されると新鮮な言葉になることもあるのです。

原型▼ データを重視する野球
造語▼ ＩＤ野球

1990年野村克也さんがヤクルトの監督に就任した時に掲げたスローガンで、「データを重視する野球」という意味。ＩＤとは「Important Data」の頭文字を取って略したもの。

原型▼ 空気よめない
造語▼ ＫＹ

KYは、空気読めない（Kuuki Yomenai）の頭文字の略。元々はネットの掲示板などで使われた用語で、2007年頃から数年間爆発的に流通しましたが、2017年現在はほとんど使われていません。

原型▼	女子高生
造語▼	JK

JKは、女子高生（Joshi Kosei）の頭文字の略。こちらも元々はネットスラングだったものが「JKビジネス」などといった形でマスメディアでも使われるようになりました。

偏差値を基準にした大学のグループ分けも、大学の頭文字をつなげて語呂をよくしたものが流通しています。

原型▼ 関西大学　関西学院大学　同志社大学　立命館大学
造語▼ 関関同立

原型▼ 明治大学　青山学院大学　立教大学　中央大学　法政大学
造語▼ MARCH

またよく使われる手法ではありませんが、あるフレーズを漢字だけに圧縮すると新鮮な造語になることがあります。

原型▼ 小さいけれど確かな幸せ
造語▼ 小確幸

「小確幸」は、作家の村上春樹氏がエッセイ集の中で使った造語です。実際には以下のような形で使われています。

生活の中に個人的な「小確幸」（小さいけれども、確かな幸福）を見出すためには、多かれ少なかれ自己規制みたいなものが必要とされる。たとえば我慢して激しく運動した後に飲むきりきりに冷えたビールみたいなもので、「うーん、そうだ、これだ」と一人で目を閉じて思わずつぶやいてしまうような感興、それがなんといっても「小確幸」の醍醐味である。そしてそういった「小確幸」のない人生なんて、かすかすの砂漠のようなものにすぎないと僕は思うのだけれど。

（『村上朝日堂ジャーナル　うずまき猫のみつけかた』〈新潮文庫〉Ｐ１２６）

この「小確幸」という言葉は、台湾で流行語になりました。

短縮型の造語を、居酒屋のメニューの説明文で考えてみましょう。同じ「うまい」ばかりでは退屈します。そこで、「うまい」に「味」や「食感」などの形容詞を足して、それを短縮することで「うまい」の種類を表現してみてはどうでしょう？

原型▼	**うまい**
造語▼	**▽からうま** **▽バリうま** **▽ちょいうま** **▽盛りうま** **▽ふわうま** **▽しこうま**

▽つるうま
▽鬼うま
▽マジうま
▽ヤバうま

それぞれどんな料理の時のニュアンスかは、感覚的にわかります。
今度は食感で表現してみましょう。同じ「ふわっとした」食感でも、次のように印象が変わってきます。

原型▼
ふわっとした

造語▼
▽とろふわ（とろっ＋ふわっ）
▽もちふわ（もっちり＋ふわっ）
▽かりふわ（カリッ＋ふわっ）

▽さらふわ（サラッ＋ふわっ）
▽あまふわ（あまい＋ふわっ）
▽ふわから（ふわっ＋辛い）

このように省略することによって、いろいろな新しい表現ができるのです。

Point

35 組み合わせて造語をつくる

Point30でも書きましたが、言葉は組み合わせることで化学反応を起こします。そこから新しく魅力のある造語が生まれることもあります。

見本は、2008年から2009年にかけて流行語になったフレーズです。

普通▼
恋愛にガツガツしてない男性　積極的な女性

見本▼
草食（系）男子　肉食（系）女子

普通は人間には使わない「草食」「肉食」という言葉と、「男子」「女子」との組み合わせが新鮮でした。

以下の見本は、2005年に環境省主導のもと、「夏場の軽装による冷房の節約」を目指したキャンペーンの名称です。

普通▼ 夏の軽装キャンペーン
↑
見本▼ クール・ビズ

これは公募によって選ばれたネーミングで、「涼しい」や「格好いい」という意味のクール（英語：cool）と、「仕事」や「職業」という意味のビジネス（英語：business）の短縮形ビズ（BIZ）を組み合わせたものです。役所が主導した言葉としては珍しく定着しました。ちなみにこの「クール・ビズ」を発表した時の環境大臣は、のちに東京都知事になる小池百合子さんでした。

以下の見本は２００８年頃から徐々に使われるようになったフレーズです。

普通▼	**女性だけの食事会・飲み会**
見本▼	**女子会**

「女子」に「会」を組み合わせただけの非常にシンプルな言葉で、最初はそこまで流通するとは思いませんでしたが、今ではかなり幅広い年齢層で一般化しています。

以下の見本も、以前から「反社会勢力」とつながりを持つなどの違法行為が常態化した会社のことをさす隠語としては使われていました。しかし、一般的によく使われるようになったのは２００９年頃からです。

普通▼ 職場環境がひどい会社

見本▼ ブラック企業

「ブラック」に「企業」を組み合わせただけのもので、実は定義も曖昧ですが、ニュアンスはよく伝わります。最近は単に「ブラック」という言い方で使われることも多いです。

以下の見本は１９９７年に新語・流行語大賞でトップ10入りしたもので、現在でも地味に使われています。

普通▼ 自分だけのブーム

見本▼ マイブーム

「ｍｙ（私の）」と「ｂｏｏｍ（流行）」を組み合わせた和製英語の造語。「自分の中だけで流行していること」という意味で使用されています。イラストレーターのみうらじゅん氏が命名したものです。

他にも「ゲリラ豪雨」「爆弾低気圧」「帰宅難民」「風評被害」など既に一般用語と認知された組み合わせ型の造語はたくさんあります。

雑誌においても、この組み合わせ型の造語をつくって、見出しとして使うことがよくあります。以下は、『ＡＥＲＡ』『ＳＰＡ！』『日経ビジネス』の見出しにあった造語です。

見本▼

▽「おひとりさま脳卒中」に備える
▽やる気偽装を見抜け

▽「スーパー親」幻想
▽「低学歴ハッピー」と「高学歴プア」の境界線
▽サラリーマン終活
▽糖質制限パニック

いずれもそれぞれの言葉は平凡ですが、組み合わせることによってインパクトのある造語になっているのがわかるでしょう。

Point

36 造語から造語をつくる

オリジナルの造語をつくろうと思っても、新しい造語はなかなか思いつくものではありません。しかし、流行の造語から別の造語をつくるという手法は比較的容易です。

流行した造語の2番煎じ3番煎じにもかかわらず、ヒットする言葉は少なくありません。**このような2匹目のどじょうを狙う際に、重要なのは、音の響きが、元の造語に近いことです。**

それでは、流行した造語から、新たにつくられた造語のパターンを見てみましょう。

原型▼

アラサー（30歳前後）

応用▼

▽アラフォー（40歳前後）
▽アラフィー or アラフィフ（50歳前後）
▽アラカン（還暦である60歳前後）

原型▼

就活（就職活動）

応用▼

▽婚活（結婚活動）
▽終活（人生の終わりのための活動）
▽朝活（就業前の活動）
▽妊活（妊娠のための活動）
▽保活（子どもを保育園に入れるための活動）

原型▼

イケメン（イケてる男性）

応用▼

▽イクメン（育児をする男性）

▽ブサメン（不細工な男性）

▽キモメン（気持ち悪い男性）

原型▼

セクハラ（セクシャルハラスメント）

応用▼

▽パワハラ（職務上の地位や役職を利用したハラスメント）

▽マタハラ（妊娠している女性に対するハラスメント）

▽モラハラ（精神的なハラスメント）

▽アカハラ（大学の教員の地位を利用したハラスメント）

▽スメハラ（口臭体臭などで他人に苦痛を与えること）

原型▼ アベノミクス（安倍内閣の経済政策の通称。安倍＋エコノミクス）

応用▼ ▽アベノリスク（アベノミクスにひそむリスク）
▽アホノミクス（批判派によるアベノミクスへの蔑称）

アベノミクスも、元々は1980年に大統領に選出されたロナルド・レーガン大統領の行った経済政策「レーガノミクス」が原型です。

原型のような画期的なフレーズを思いつくのは簡単ではないかもしれませんが、このように2匹目、3匹目のどじょうを狙うのであれば、できそうな気がしますよね。

この手法を得意にしているのが雑誌『SPA!』です。たとえば「ブラック企業」という元ネタから、いろいろな造語を生み出しています。

原型▼　ブラック企業

応用▼
▽ブラック企業よりヤバい！「ブラック家庭」の恐怖
▽ブラック企業より酷い「ゼブラ企業」の闇
▽ゼブラ化する「新型ブラック企業」が増殖中

このテクニックをあなたが応用するには、次に流行りそうな言葉を聞いたらすぐに、そこに自分の商品やサービスを当てはめてみる訓練を重ねることです。それを繰り返していると、２匹目３匹目のどじょうが手に入るかもしれません。

また今となってはどれが原型だったかわからなくなってしまった言葉を使って新しい造語をつくるという手もあります。

たとえばここ10年程で、いろいろな「〇〇女子」「〇女」「〇〇ガール」が流行っては消えていきました（継続して使われているものもあります）。

以下にいくつかあげておきましょう。

原型▼

〇〇女子　〇〇女　〇〇ガール

応用▼

←

▽肉食女子

▽こじらせ女子

▽腐女子

▽メガネ女子

▽カメラ女子

▽貧困女子

▽カープ女子

▽歴女

▽リケジョ

▽スモジョ

▽鉄子

▽山ガール
▽森ガール
▽釣りガール

傾向としては「女性としては珍しい」と思われている分野に女性が増えてきた時に「今、○○女子が熱い」などと、メディアで紹介されるパターンが多いようです。

このようにオリジナルの造語から新しい造語をつくることで、今まで存在しなかった概念に名前をつけることができ、市場を広げることも可能です。

第9章

ストーリーを喚起させる

第9章では、「ストーリー」を連想させるキャッチコピーのテクニックについて解説します。

人類は「ストーリー」が大好きな生き物です。太古の昔からストーリーを語り継いできました。それは人種に関係なく共通です。

ストーリーは、人の感情を動かし、記憶に残りやすくする力があるからです。

コピーライティングにおいても、ストーリーを感じられると、ついついその文章に引き込まれてしまうことがよくあります。

Point 37

人を主人公にする

すべての「ストーリー」に共通するのは「人」が登場するということです。コピーライティングに「ストーリー」を導入する時も、主人公を商品ではなく「人」にすることが重要です。

〝伝えたい思いや情報をストーリーにして語る〟という手法は、いろいろなビジネス文章で使えます。中でも有効なのは、会社をPRしたり、商品を売り込もうという時です。

「広告」はもちろんのこと、「会社案内」「ホームページ」「お店の紹介」「プレスリリース」「チラシ」「DM」「メルマガ」などでも有効です。

この時、重要なのは、主人公を「商品」ではなく「人」にすることです。

たとえば以下の「ラーメン屋」の紹介キャッチコピーの例を見てください。

普通▼

厳選された素材でつくったこだわりのラーメン

見本▼

これだ！　と納得できる1杯をつくりあげるために、店主が全国1000軒以上のラーメンを食べ比べ研究に研究を重ねた渾身の1杯です

「普通」は商品であるラーメンのことしか書いていません。それに比べて「見本」は、店主という人が登場しています。それだけで「ストーリー」が生まれてくるのです。これに店主の顔写真が載っていると、さらに効果が上がるでしょう（もちろん、どんなにストーリーを感じさせるキャッチコピーを掲げても、おいしくなければリピーターにはなってもらえません）。

商品に人をプラスするという手法は、店頭POPで使うと効果が高まります。

たとえば、スーパーの店頭POPなどでは、農家の生産者やスーパーの販売員などの写真を積極的に載せましょう。商品説明だけよりも圧倒的にストーリーを感じさせることができます。

書店のPOPでも、大きな効果をあげているものは、その商品（本）のことだけではなく、必ず何かしら「人」がプラスされています。

見本▼ ――どうしても読んで欲しい810円（税込）がここにある。

「見本」は、岩手県盛岡市にある「さわや書店フェザン店」で、書店員・長江貴士さんが「文庫X」を売り出す時、POPに書いたキャッチコピーです。「文庫X」とは、ある本の表紙を隠して売る、という企画。オオスメ文を書いたオリジナルカバーで表紙全体を覆い、ビニールがけしてあるので、本の中身はわかりません。

カバーには、「申し訳ありません。僕はこの本をどう勧めたらいいか分かりませんでした」から始まるオススメ文が細かい文字でぎっしり書かれています。

この中身も作者もわからない本が、２０１６年７月にさわや書店店頭に置かれると、すごい勢いで売れ始めました。やがてこのキャッチコピーやカバーは、全国の他の書店にも広がりました。

とはいえ、いろいろな制約があるので、実際に「文庫Ｘ」を販売することができたのは約６５０店舗。全国の５％の書店でしかありません。

それにもかかわらずこの本は、30万部を超える大ヒットになったのです。

オリジナルカバーの長い文章の中にも、本の内容を具体的に説明する文章は１行もありません。ただ長江さんという書店員が、その本を読んでどんな風に感じて、どのような理由で多くの人に読んでほしいのかという熱い思いが書かれているだけです。しかしそれが、多くのお客さんの心を動かしたのです。その結果、想定もしなかったほど、「文庫Ｘ」は全国に広まり売れました。

長江さんがどのようなきっかけで、このような手法で売ろうと思いついたかの詳細は、『書店員X』長江貴士著（中公新書ラクレ）に書かれています。

ちなみに、Point21で紹介した外山滋比古著『思考の整理学』（ちくま文庫）に再び光をあてたのも、さわや書店の書店員です。２００６年当時、既に発売から20年以上たっていた本でしたが、書店員の松本大介さんが１枚のＰＯＰに書いた、以下のキャッチコピーから再び火がついて売れ始めました。

見本▼

〝もっと若い時に読んでいれば…〟
そう思わずにはいられませんでした。

このコピーをそのまま出版社が全国展開し、のちに「東大・京大で一番読まれた本」というコピーに変えて、最終的には２００万部を超えるミリオンセラーになったのは、既に１５１ページでご紹介しました。

こちらのコピーも、本の中身を説明するのではなく、読者で売り手でもある松本さんの実感をこめたものです。その思いが「ストーリー」を生みだしたといえるでしょう。

一店舗での結果をきちんと全国に広げ、さらに加速度をつけた出版社の力も大きいですが、この本に目をつけ、心のこもったコピーを書いた書店員もスゴイですね。

「商品を語る」のではなく、そこに人をプラスすることで「ストーリーで語る」ことのメリットは、以下の4つが考えられます。

①興味を持ってもらえる

商品に人がプラスされていると、読み手に興味を持ってもらえる確率が上がります。

②感情移入してもらえる

人がプラスされることで、読み手はその人に感情移入します。それによって、その商品を好きになったり、買ってくれる確率が上がります。

③記憶に残る

人がプラスされた「ストーリー」で感情を動かすことができれば、記憶に残りやすく、誰かに話したくなります。

④失敗を語ることができる

失敗を語ることができるのも「ストーリー」の特徴です。普通だと失敗を語ることはマイナスですが、人がプラスされたストーリーだと「失敗」や「挫折」が多いほうがむしろ読み手に共感を持ってもらえるのです。

あなたも、何か商品や会社をPRする時に、この「人をプラスする」という手法を使ってみてください。

Point

38 黄金律で心を動かす

人は論理的な説得よりも、感情的な説得に影響を受けることが多いです。人の感情を大きく動かしたい時に使えるのが「ストーリーの黄金律」です。

ストーリーの黄金律とは、「人類共通の感動のツボ」です。

「また、このパターンか」とわかっていても、そこを押されるとついつい心を動かされてしまうポイントです。

具体的には次の3つの要素が入っている状態です。

★ストーリーの黄金律

①欠落した、もしくは欠落させられた主人公が
②遠く険しい目標に向かって
③いろいろな障害や葛藤、また敵対するものに立ち向かっていく

これはハリウッド映画、エンタテイメント系小説、スポーツ漫画など、多くのストーリーで採用されているものです。

テレビでよく見るような人物や企業の「ドキュメンタリー」も、多くはこの「黄金律パターン」に沿ってつくられています。たとえば、以下のようなタイトルのテレビ番組があったとしたら、観たいでしょうか？

「青函トンネルの工事を振り返る」
「世界規格ＶＨＳを作った人たち」

「ロータリーエンジンができるまで」

そのテーマによほど興味がないとなかなか観ようとは思わないですよね。

ところが以下のように変えたらどうでしょう?

普通▼

「青函トンネルの工事を振り返る」

見本▼

「友の死を越えて　青函トンネル・24年の大工事」

普通▼

「世界規格VHSを作った人たち」

見本▼

「窓際族が世界規格を作った　VHS・執念の逆転劇」

普通▼
「ロータリーエンジンができるまで」
見本▼
「ロータリー47士の闘い　夢のエンジン・廃墟からの誕生」

「見本」のように変えると、興味を持って観たくなった人が増えたのではないでしょうか？

なぜでしょう？　それは「見本」には「ストーリーの黄金律」を感じる要素があるからです。いずれも、タイトルだけで、何かが欠落した主人公たちが、遠く険しい目標に向かって、さまざまな障害や葛藤を乗り越えていくというイメージが連想されます。

ちなみに「見本」は、２０００～２００５年までＮＨＫで放映されて人気を呼んだ「プロジェクトＸ～挑戦者たち～」のタイトルです。

あなたが書くタイトルやキャッチコピーに「ストーリーの黄金律」を取り入れることができれば、相手の感情を大きく動かすことができます。

ただし、この法則は強力なので、両刃の剣です。**もしそのストーリーに嘘や偽りがあると思われたら、マイナスに大きく振れてしまいます。**くれぐれも使い方には注意しましょう。

Point

39

ストーリーの続きを読みたくさせる

ストーリーが途中で終わっていると、受け手はその続きを知りたいと思って記憶や印象に強く残ります。この心理効果を「ツァイガルニック効果（中断効果）」と呼びます。最後にこの心理効果を利用したコピーライティングのテクニックを紹介しましょう。

ツァイガルニック効果とは、Point18でも取り上げましたが、「潜在意識には、答えを知らずに中断されたものは引き続いて探そうとして強い印象を残す働きがある」ことを言います。

ここでは、もう少し文脈のあるストーリー形式でのツァイガルニック効果について説明します。

キャッチコピーや見出しがストーリーの始まりであることを感じさせるものである場合、途中で終わっていると、読み手は続き（本文等）が読みたくなるものです。

Point5で紹介したジョン・ケープルズが、まだ駆け出しのコピーライターだった頃、音楽学校の通信講座の広告で以下の見本のキャッチコピーを書きました。

普通▼	**こっそりピアノを習って、みんなを驚かせよう**
見本▼	**私がピアノの前に座るとみんなが笑いました。でも弾き始めると…！**

このキャッチコピーは、のちに「伝説」と呼ばれるくらいに反響を呼び、ケー

プルズを一躍有名コピーライターに押し上げました。

この広告コピーは、ツァイガルニック効果もある上に、前項で説明した「ストーリーの黄金律」を予感させるものなので、余計に続きを読みたくなるのです。

たとえば、この手法を健康器具のコピーで応用してみましょう。

普通▼
産後の体重の増加、あきらめていませんか？

⬅

見本▼
赤ちゃんを産んだ後、体重は以前より10キロ増。
もう元には戻らないとあきらめていました。ところが…

以下の見本は、新聞や雑誌によく広告が出ている「生姜シロップ」という商品のキャッチコピーです。

見本▼
42才女が、ある「無添加」を飲んだら…

このキャッチコピーには、商品の説明は何も書いてありません。またその効果なども何も語っていません。

ただ「42才女」という人が登場しただけで、何かよくわからないけど「ストーリー」を感じます。

すると読者は、情報不足の部分（商品の効果や、主人公が飲んだ後どうなったか等）を勝手に想像してくれます。そしてその想像が合っているか答えを知りたくなり、本文を読んでくれる確率が上がるのです。

この広告はよく見かけるので、おそらくこのキャッチコピーが効果をあげているのでしょう。

ツァイガルニック効果に限らず、人間の心理を利用したライティング手法を用いることで、受け手の心を動かす効果は高くなります。それゆえ、受け手側（消費者側）に立った時には、簡単にそれに乗せられないようにする注意も必要です。特に商品の購入に直接つながる場合には、「それが本当に必要なのか」「ライティングのテクニックに惑わされているだけか」を、きちんと冷静に考える必要があります。

では最後に、ツァイガルニック効果を使って、この本を思わず買ってしまいたくなるコピーを次のページに書いておきます。立ち読みしているあなたは、引っかかって買ってしまわないようにくれぐれも注意してくださいね（笑）。

40番目の禁断のテクニックとは？

今までの39のテクニックに加え、この本にはあえて書かなかった40番目の禁断のテクニックがあります。それは良識あるあなたは、読まないほうがいいものかもしれません。それでも読みたいあなた。安心してください。この本を買ってくださった方全員に40番目のテクニックが書かれたURLをご案内します。

https://www.php.co.jp/news/bookdl/1gyo.pdf

こちらのQRコードからもアクセスできます。

おわりに

『伝わる人は「1行」でツカむ』を読んでいただきありがとうございます。

いかがだったでしょう?

コンパクトだけど役立つ。同時に、読み物としてもおもしろい。その両立を目指しました。その為に、雑誌のキャッチコピーや見出し、書籍のタイトル等は、できるだけ今の時代の空気感を表しているものを掲載しました。

「役立つ」と「おもしろい」の両立が実現できているかどうかは、読んでいただいた皆さんの判断を仰ぐしかありません。ぜひ、どんな風に役立ったか、どこがおもしろかったか、などの感想を教えていただけるとうれしいです。

先日、『日経ＭＪ』（２０１７年８月７日号）に、ほぼ日社長の糸井重里さんとジャパネットたかた創業者の髙田明さんの対談（「それ欲しい！の作り方」）が掲載されていました。

その中で糸井さんが話されていた言葉が印象的でした。

「こねくり回して何かを考えるのがコピーっていうんじゃなくて、俺が言ったことを信じてもらえるようにするのが活動だと思う」

まさにその通りだと思います（このような本を出している自分が言っても説得力がありませんが）。

テクニックだけで書かれたコピーは、やはり浅い。本質的に人を動かすことはできません。

でもあえて矛盾したことを書くと、「コピーはテクニックじゃない」というのは、かなりの「コピーのテクニック」を習得した上でないと言えないのではないでしょうか？

日本では昔から茶道・武道などで伝わってきた「守破離」という考え方があります。

まず型を守る。次にそれを破る。やがて型から離れる。

この本は「守」の役割を果たすものです。

本書でまず「型」を学んで、それを破り、離れていっていただくのが理想だと考えます。

「守」を破る方法のヒントを知りたい方は、よろしければ、私が書いているメールマガジン「旗をかかげ生きよう」に登録してみてください（http://www.bshonin.com/hataiki/）。

言葉のテクニックだけでなく、旗をかかげ「物語の主人公」になる方法について、週に一度のペースで紹介しています。

この本は、ＰＨＰ研究所の村田共哉さんの熱心な働きかけがなければ実現しませんでした。村田さんの定期的なほめ言葉がなかったら、最後まで書くことはできなかったでしょう。改めて感謝します。

また、本書は、ビジネスパーソンに「伝わる力」を高めてもらうという趣旨のもと、多くのコピーを各種媒体から引用させていただきました。

ご理解をいただいた皆様に深くお礼を申し上げます。ありがとうございました。

２０１７年９月　川上徹也

書籍・雑誌・広告出典一覧

第1章

Point1

『スタンフォードの自分を変える教室』（ケリー・マクゴニガル著、神崎朗子訳／大和書房）、『美ST』（2015年11月号／光文社）、『AERA』（2017年2月6日号／朝日新聞出版）

Point2

『SPA!』（2015年7月14日号／扶桑社）、カタログハウス、みずほ銀行、『どんなに体がかたい人でもベターッと開脚できるようになるすごい方法』（Eiko著／サンマーク出版）、『子どもに迷惑かけたくなければ相続の準備は自分でしなさい』（五十嵐明彦著／ディスカヴァー・トゥエンティワン）

Point3

『AERA』（2015年10月19日号、2016年2月8日号、2016年8月15日号、2016年10月24日号、2016年11月21日号／朝日新聞出版）、『STORY』（2012年11月号／光文社）、『VERY』（2013年5月号／光文社）、『Domani』（2014年3月号／小学館）、『CanCam』（2014年1月号／小学館）

Point4

アップル、BoCo、プジョー・シトロエン・ジャポン、ケロッグ、STUDIOザンビ、東武鉄道、楽天、ソフトバンク、任天堂、東宝、ハーゲンダッツ ジャパン、ふれあいドーム岡崎

Point5

カタログハウス、M&M'S、『ザ・コピーライティング』（ジョン・ケープルズ著、神田昌典監修、齋藤慎子訳、依田卓巳訳／ダイヤモンド社）

Point6

『週刊現代』（2017年5月20日号／講談社）、花王、プロクター・アンド・ギャンブル・ジャパン

Point7
『ＡＥＲＡ』（２０１７年3月27日号／朝日新聞出版）、『ＳＴＯＲＹ』（２０１６年7月号／光文社）、ペッパーフードサービス、『ステーキを売るなシズルを売れ！―ホイラーの公式』（エルマー・ホイラー著、駒井進訳／パンローリング）

第2章

Point8
ＲＩＺＡＰ、リクルートホールディングス、『統計学が最強の学問である』（西内啓著／ダイヤモンド社）、『炭水化物が人類を滅ぼす』（夏井睦著／光文社）、『すべての疲労は脳が原因』（梶本修身著／集英社）、『語彙力こそが教養である』（齋藤孝著／ＫＡＤＯＫＡＷＡ）、『ＨＥＲＳ』（２０１３年5月号／光文社）、『Ｏｇｇｉ』（２０１６年4月号／小学館）、『ＡＥＲＡ』（２０１５年6月22日号、２０１５年7月20日号／朝日新聞出版）、明屋書店

Point9
『ＳＰＡ！』（２０１５年8月4日号、２０１６年12月27日号／扶桑社）、『美ＳＴ』（２０１４年10月号、２０１５年8月号／光文社）、『体温を上げると健康になる』（齋藤真嗣著／サンマーク出版）、『「おしり」を鍛えると一生歩ける！』（松尾タカシ著／池田書店）、『親ゆびを刺激すると脳がたちまち若返りだす！』（長谷川嘉哉著／サンマーク出版）、『脳を最適化すれば能力は2倍になる』（樺沢紫苑著／文響社）、『ＰＨＰのびのび子育て』（２０１６年10月号／ＰＨＰ研究所）

Point10
『体温を上げると健康になる』（齋藤真嗣著／サンマーク出版）、『ＳＰＡ！』（２０１２年7月17日号、２０１５年9月22日・29日合併号／扶桑社）、『プレジデントＦａｍｉｌｙ』（２０１７年春号／プレジデント社）、『日経ビジネス』（２０１７年3月13日号／日経ＢＰ社）、『週刊朝日』（２０１６年12月16日号／朝日新聞出版）、『サンデー毎日』（２０１６年12月25日号／毎日新聞出版）、『週刊東洋経済』（２０１７年1月28日号／東洋経済新報社）

Point11
『それでもなお、人を愛しなさい』（ケント・Ｍ・キース著、大内博訳／早川書房）、『お客様は「えこひいき」しなさい！』（高田靖久著／ＫＡＤＯＫＡＷＡ）、『長く健康でいたければ、「背伸び」をしなさい』（仲野孝明著／サ

ンマーク出版）、『小さいことにくよくよするな！』（リチャード・カールソン著、小沢瑞穂訳／サンマーク出版）、『スタバではグランデを買え！』（吉本佳生著／ダイヤモンド社）、『超訳　ニーチェの言葉』（白取春彦訳／ディスカヴァー・トゥエンティワン）、東宝東和

Point12
スタンダードブックストア、『美ＳＴ』（２０１６年４月号／光文社）、『ＳＴＯＲＹ』（２０１６年３月号／光文社）、『ＶＥＲＹ』（２０１２年２月号／光文社）、『ＣａｎＣａｍ』（２０１４年８月号／小学館）、『ＣＬＡＳＳＹ.』（２０１２年12月号／光文社）、近畿大学

第3章

Point13
三越伊勢丹、『ＡＥＲＡ』（２０１６年１月18日号、２０１６年３月14日号／朝日新聞出版）、『婦人公論』（２０１３年７月22日号／中央公論新社）

Point14
『ＡＥＲＡ』（２０１５年５月18日号、２０１５年６月８日号／朝日新聞出版）

Point16
『さおだけ屋はなぜ潰れないのか？』（山田真哉著／光文社）、『なぜ、あなたの仕事は終わらないのか』（中島聡著／文響社）、『なぜ、この人と話をすると楽になるのか』（吉田尚記著／太田出版）、『なぜ、社長のベンツは４ドアなのか？』（小堺桂悦郎著／フォレスト出版）、『なぜグリーン車にはハゲが多いのか』（佐藤明男著／幻冬舎）、日本経済新聞社、『なぜ八幡神社が日本でいちばん多いのか』（島田裕巳著／幻冬舎）、『プレジデント』（２０１７年３月20号、２０１６年８月１日号／プレジデント社）

Point17
『医者に殺されない47の心得』（近藤誠著／アスコム）、『決算書の９割は嘘である』（大村大次郎著／幻冬舎）、『食べ放題ダイエット』（池井佑丞著／ぶんか社）、『長生きしたけりゃデブがいい』（新見正則著／ＳＢクリエイティブ）、『歯はみがいてはいけない』（森昭著／講談社）、『コミュニケーションは、要らない』（押井守著／幻冬舎）、日本経済新聞社、『美ＳＴ』（２０１３年12月号／光文社）、『ＦＲａＵ』（２０１５年10月号／講談社）、

『ＡＥＲＡ』（２０１３年10月14日号／朝日新聞出版）、『ＳＰＡ！』（２０１３年12月17日号／扶桑社）

Point18
『ＣａｎＣａｍ』（２０１３年６月号／小学館）

第４章
Point20
『１秒で「一目惚れされる〝見た目〟になる！」（柴崎マイ著／大和出版）、『たった１秒で仕事が片づくＥｘｃｅｌ自動化の教科書』（吉田拳著／技術評論社）、『３秒でＯＫがもらえる「伝え方」の基本』（天野暢子著／大和出版）、『ねこ背は10秒で治せる！』（小林篤史著／マキノ出版）、『15秒骨盤均整ダイエット』（松岡博子著、伊藤樹史監修／静山社）、『15秒で口説く エレベーターピッチの達人』（美月あきこ著／祥伝社）、『最初の30秒で相手の心をつかむ雑談術』（梶原しげる著、日本実業出版社）、『たった１分で人生が変わる 片づけの習慣』（小松易著／ＫＡＤＯＫＡＷＡ）、『誰とでも３分でうちとける ほんの少しのコツ』（鈴木あきえ著／かんき出版）、『たった５分で体が変わる すごい熱刺激』（井本邦昭著／サンマーク出版）、『10分で読める伝記』（１年生〜６年生）（塩谷京子監修／学研マーケティング）、『誰とでも15分以上会話がとぎれない！ 話し方66のルール』（野口敏著／すばる舎）、『帰ってから30分で作れる晩ごはん献立』（大庭英子著／成美堂出版）、『60分間・企業ダントツ化プロジェクト』（神田昌典著／ダイヤモンド社）、『１日１時間１か月でシングルになれる』（江連忠著／サンマーク出版）、『３時間で頭が論理的になる本』（出口汪著／ＰＨＰ研究所）

Point21
『思考の整理学』（外山滋比古著／筑摩書房）

第５章
Point23
吉野家、宝塚歌劇団、集英社、日産自動車、任天堂

Point24
インテル、セブン‐イレブン・ジャパン、味の素、日本電気、『ａｎ・ａｎ』（２０１５年７月15日号／マガジン

ハウス)、『AERA』(2015年6月1日号、2015年6月15日号、2015年9月21日号、2016年3月14日号、2016年6月27日号、2016年10月10日号、2016年11月21日号/朝日新聞出版)、全日本空輸、本田技研工業、ソニー、三越伊勢丹、TDK

Point25

『話を聞かない男、地図が読めない女』(アラン・ピーズ著、バーバラ・ピーズ著、藤井留美訳/主婦の友社)、『金持ち父さん貧乏父さん』(ロバート・キヨサキ著、シャロン・レクター著、白根美保子訳/筑摩書房)、『嘘つき男と泣き虫女』(アラン・ピーズ著、バーバラ・ピーズ著、藤井留美訳/主婦の友社)、『頭がいい人、悪い人の話し方』(樋口裕一著/PHP研究所)、『PHP』(2017年2月号、PHP研究所)、『AERA』(2017年3月20日号/朝日新聞出版)、『週刊東洋経済』(2016年6月11日号/東洋経済新報社)、『AERA』(2015年4月13日号/朝日新聞出版)、『プレジデント』(2016年11月14日号/プレジデント社)、『CLASSY.』(2012年10月号/光文社)、『MORE』(2015年10月号/集英社)、『HERS』(2016年4月号/光文社)、ルミネ

Point26

全日本空輸

第6章

Point27

TOTO、ハインツ日本、赤城乳業、サントリーホールディングス、パナソニック、花王

Point29

『AERA』(2015年5月4・11日号、2015年3月2日号、2016年3月21日号/朝日新聞出版)、『伝え方が9割』(佐々木圭一著/ダイヤモンド社)、『人は見た目が9割』(竹内一郎著/新潮社)、『VERY』(2015年5月号/光文社)、『美ST』(2013年5月号/光文社)、『セブンティーン』(2013年12月号/集英社)、『Oggi』(2012年9月号/小学館)、『進撃の巨人』(諫山創著/講談社)、『花より男子』(神尾葉子著/集英社)、『夜は短し歩けよ乙女』(森見登美彦著/KADOKAWA)

第7章

Point30
トヨタ自動車、NOVA、春華堂、『国家の品格』（藤原正彦著／新潮社）、『教室内カースト』（鈴木翔著、本田由紀解説／光文社）、『三匹のおっさん』（有川浩著／文藝春秋）、『神様のカルテ』（夏川草介著／小学館）、『大人のラジオ体操』（中村格子著、秋山エリカ監修／講談社）

Point31
『VERY』（2014年5月号／光文社）、『STORY』（2009年12月号／光文社）、『婦人公論』（2012年2月22日号、2014年2月22日号／中央公論新社）、『SPA!』（2016年10月11・18日号、2017年4月4日号／扶桑社）

Point32
サントリーホールディングス、『ハーバードの人生を変える授業』（タル・ベン・シャハー著、成瀬まゆみ訳／大和書房）、『ハーバード流交渉術』（ロジャー フィッシャー著、ウィリアム ユーリー著、金山宣夫訳、浅井和子訳／三笠書房）、『ハーバードでいちばん人気の国・日本』（佐藤智恵著／PHP研究所）、『ハーバード式ロジカル英語』（青野仲達著／秀和システム）、『ハーバード流宴会術』（児玉教仁著／大和書房）、『スタンフォードの自分を変える教室』（ケリー・マクゴニガル著、神崎朗子訳／大和書房）、『スタンフォード式 最高の睡眠』（西野精治著／サンマーク出版）、『スタンフォードのストレスを力に変える教科書』（ケリー・マクゴニガル著、神崎朗子訳／大和書房）、『スタンフォード大学 マインドフルネス教室』（スティーヴン・マーフィ重松著、坂井純子訳／講談社）、『スタンフォードでいちばん人気の授業』（佐藤智恵著／幻冬舎）

Point33
『ある広告人の告白』（デイヴィッド・オグルヴィ著、山内あゆ子訳／海と月社）、カタログハウス

第8章

Point34
村上朝日堂ジャーナル うずまき猫のみつけかた』（村上春樹著／新潮社）

Point35

『AERA』（2013年4月22日号、2015年5月18日号、2015年6月8日号／朝日新聞出版）、『SPA!』（2015年10月6日号／扶桑社）、『日経ビジネス』（2016年9月19日号、2016年11月7日号／日経BP社）

Point36

『SPA!』（2013年10月29日号、2017年3月7日号、2015年12月8日号／扶桑社）

第9章

Point37

さわや書店、『書店員X』（長江貴士著／中央公論新社）、『思考の整理学』（外山滋比古著／筑摩書房）

Point39

エモテント

著者紹介
川上徹也（かわかみ　てつや）
コピーライター。湘南ストーリーブランディング研究所代表。
大阪大学人間科学部卒業後、大手広告代理店勤務を経て独立。50社以上の企業の広告制作や各種プロジェクトに携わる。東京コピーライターズクラブ新人賞、フジサンケイグループ広告大賞制作者賞、広告電通賞、ＡＣＣ賞など受賞歴は15回以上。
中でも、企業の「哲学」や「理念」を１行に凝縮して旗印として掲げる「川上コピー」が得意分野。「物語」の持つ力をマーケティングに取り入れた「ストーリーブランディング」という独自の手法を開発した第一人者としても知られる。現在は広告制作にとどまらず、「言葉の力」を身につけるためのセミナーや企業研修なども全国各地で行なっている。
著書は、『キャッチコピー力の基本』（日本実業出版社）、『物を売るバカ』『１行バカ売れ』（いずれも角川新書）、『一言力』（幻冬舎新書）、『あの演説はなぜ人を動かしたのか』（ＰＨＰ新書）など。海外(中国・台湾・韓国)にも多数翻訳されている。

川上徹也オフィシャルサイト　http://kawatetu.info/

本書は、書き下ろし作品です。

PHP文庫　伝わる人は「1行」でツカむ

2017年10月16日　第1版第1刷

著　者	川　上　徹　也
発行者	後　藤　淳　一
発行所	株式会社PHP研究所

東京本部　〒135-8137　江東区豊洲5-6-52
第二制作部文庫課　☎03-3520-9617(編集)
普及部　☎03-3520-9630(販売)
京都本部　〒601-8411　京都市南区西九条北ノ内町11

PHP INTERFACE　http://www.php.co.jp/

組　版	株式会社PHPエディターズ・グループ
印刷所 製本所	図書印刷株式会社

ISBN978-4-569-76686-7

PHPの本

あの演説はなぜ人を動かしたのか

川上徹也 著

オバマ、ケネディ、小泉純一郎――人の心を揺さぶり、世界を動かした名演説を分析。ストーリーブランディングの第一人者が説くスピーチの極意。

【新書判】 定価 本体七〇〇円（税別）